识干家

企業閱讀　學以致用

1000铁杆女粉丝

让用户追随的营销法则

张兵武◎著

中华工商联合出版社

图书在版编目（CIP）数据

1000铁杆女粉丝：让用户追随的营销法则/张兵武著．—北京：中华工商联合出版社，2018.6

ISBN 978-7-5158-2269-3

Ⅰ.①1… Ⅱ.①张… Ⅲ.①网络营销 Ⅳ.①F713.365.2

中国版本图书馆CIP数据核字（2018）第072362号

1000铁杆女粉丝：让用户追随的营销法则

作　　者： 张兵武
责任编辑： 于建廷　效慧辉
责任审读： 郭敬梅
封面设计： 久品轩
责任印制： 迈致红
出版发行： 中华工商联合出版社有限责任公司
印　　刷： 北京宝昌彩色印刷有限公司
版　　次： 2018年7月第1版
印　　次： 2018年7月第1次印刷
开　　本： 880mm×1230mm　1/32
字　　数： 139千字
印　　张： 7.25
书　　号： ISBN 978-7-5158-2269-3
定　　价： 66.00元

服务热线： 010－58301130
团购热线： 010－58302813
地址邮编： 北京市西城区西环广场A座19－20层，100044

http：//www.chgslcbs.cn
E-mail：cicap1202@sina.com（营销中心）
E-mail：gslzbs@sina.com（总编室）

女性力量的崛起

这本书的核心思想源自于美国互联网思想重要传播者凯文·凯利老人家的“1000 个铁杆粉丝”这一说法。该理念自提出以来，互联网界一直将其视为一门玄学在圈内传颂。

但是，多年前，凯文·凯利也仅仅是以一篇小文的篇幅针对艺术工作者提出“1000 个铁杆粉丝”的说法而已，对于如何让这一说法落地，如何让一个普通的用户成为长期追随的铁杆粉丝，则完全没有涉及。

而笔者一直思考的问题是：为什么这一说法长期局限于凯文·凯利崇拜者较多的 IT 界，却不能在更广泛的层面释放出更大的思想效应？其扩散性受限，是否因为没有找到合适的切入点？经营者到底应该在什么地方用功，才能将普通用户转化为铁杆粉丝？

基于数年的经营实践及长期专注于女性消费市场的研究，笔者意识到如果将“1000 个铁杆粉丝”的理论探照灯聚焦到“女性”身上，思想蕴藏的能量才能被有效激发。

总体而言，本书深入解答了以上疑问，其核心思想适用于那些希望在移动互联时代有所作为的品牌商、零售商、服务商及个体经营者指导其日常营销工作。

基于 Females（女性）在移动互联社交媒体上影响力的不断提升，Friends（朋友）、Fans（粉丝）、Followers（追随者）的概念对于商业世界的影响越来越深入。这是一个让人无法忽略的 F4 组合，这是一股正在迅速崛起的新兴势力。这些因素对市场传播与消费决策发挥着复杂而又深刻的影响，因此，对于任何一个需要跟市场打交道的人来说，发掘女性的影响力开始变得越来越重要。

在移动互联时代，在网络社交空间，要想使你的每一次营销投入的回报得到增加，让女人成为粉丝和营销义工是最简单、最快捷的方法。

这并不需要增加你的营销预算，反倒会让你以更有效的方式进行投入，更重要的是回报会更大——女人不仅是最主要的顾客，她们为你创造新顾客的动力与热情都大大地促进了你的销售盈利能力。

科技不仅是变革的工具，还是关系的催化剂。Facebook 等社交平台希望你和原来的朋友更熟，这将让新思维持续发酵：企业可以围绕 1000 铁杆女粉丝的模式，以更契合互联社交精神的做法，用成本更低、互动性更强的方式进行营销。

如何让普通女性成为一个忠实追随的铁杆粉丝，使之成为可让你连接更多目标人群的节点？本书的写作便在于为大家找到这一问题的答案与可行的操作方法。笔者将伴随大家一同去发现网络社交时代女性消费者的内在心理需求及基本沟通原理，在此基础上梳理出强化用户认同度并将其转化为铁杆粉丝的核心机制。

1000 铁杆女粉丝模式，正是高度契合移动互联生态环境的营销进阶之道。这一模式的核心则是本书所首创的 MEST 法则。MEST 由以下四大要素英文的首字母组合在一起：磁力点（Magnetic point）、情感结（Emotional knot）、甜蜜区（Sweet area）、信任圈（Trust circle）。

区别于传统以大众广告为主体的营销模式，这是一条让你的事业逐渐火爆并引发追随的营销新路。

说到这里，很多人会提出疑问：把精力集中在女性粉丝身上，会不会有疏远了男顾客的风险呢？

一点儿都不会。若能改进向女人的营销，还用担心男性用户的满意度不会随之上升吗？向女人营销并不意味着对男人的疏远，相反会更吸引他们。请记住，男人只需要“最重要”的东西，但是女人有一个更长的愿望清单。当你满足了女人的期望之后，你自然也就超越了男人的期望值。

女性的超级连接力

当“女性”开始参与一项趋势或商品时，这项趋势或产品的文明阶段才要开始。

“一个腕儿级的股票经纪人告诉我，他已经非常成功地转向女性顾客开展业务。这是一个爱做调查的人，他说他的每位男客户平均给他介绍2.6个新客户，他的女客户平均给他介绍21个新客户，那是2.6：21。”女性带来的客户是男性介绍的8倍。

这是全球竞争力大师同样也是女性研究大师汤姆·彼得斯

讲的一个小故事，让我们看到了女性对于企业营销的巨大价值。

过去数年，随着女性购买力的提升，人们越来越多地注意到这一态势：80%的消费行为是由女性掌握，或是在女性的影响下完成。但是，企业界对于女性在企业营销传播过程中到底能发挥多大作用，缺乏足够的重视。人们谈论女性这一消费角色时，更多的是因为其个人购买支出及其在家庭购买中所扮演的角色。

现在，是时候关注这一问题——女人不仅购买力惊人，其在产品营销传播过程中发挥的作用同样不容忽视；当互联网将微博、微信这些自媒体传播工具交到她们手里之后，这一作用将发生质的飞跃。

一项关于微博信息发布习惯的研究表明，在多种微博发布形式中，转载作为女性发布信息最主要的方式，其比例（57.4%）远高于男性（36.6%），女性在微博中更倾向于成为倾听者与转载者。从关注内容看，女性社会化媒体用户较趋于生活化，也更多地关注团购打折这一类消费信息。这意味着在互联网平台上女性将为企业带来更多的营销机会。众多研究同样表明，女性网民比男性网民更容易受朋友推荐的影响。

更愿意分享也更愿意聆听的特性，经互联网加持之后，使得女性在企业产品营销过程中如“病毒”般发挥着超强感染力，成为最好的推销员，将亲友甚至不认识的人全拉进来。反之，若商品不好，她不但不再购买，还会进行反推销。

女性作为出色的产品宣传大使，在更广泛的范围内得到验证。

互联时代，女性已经成为史上最佳营销义工。

对这一问题的关注有着特别的意义：碎片化时代，传统营销的效力逐渐衰弱，新的营销模式亟待建立。当互联网将人们重新连接起来，女性在营销中的特殊作用将使其成为构建新模式的最佳着力点。

这本书的写作是场甜蜜的艰辛之旅：不断地推翻基本框架，重新再来。在此过程中笔者又基于移动互联发起了多个较有影响力的项目，这些项目虽然形式各异，但都是以这一模式为思想指导，虽然因此而影响了写作的进度，但关于这一主题的认识却持续丰富、优化。

时间的推进不仅未能淡化我的这一设想，反倒使之不断强化。

在此过程中，我经常跟不同领域的朋友就这一主题进行交流，并得到热烈的回馈，这印证了我的想法。甚至像空间设计公司，销售别墅、商铺与出租办公室的商业地产公司，他们都承认这点——他们的用户大多来自忠实的女性顾客的推荐。遗憾的是，很少有人真正意识到这一点，与笔者交流之后他们明确地认识到应该建立一个向铁杆女粉丝倾斜的营销模式。

2014 年 9 月 19 日阿里巴巴在纽约证券交易所挂牌上市，创美国有史以来规模最大的 IPO。创始人马云认为阿里巴巴成功的秘诀在于抓住了女性的心，他说："阿里巴巴 70% 的买家是女性，55% 的卖家是女性，这就是我们主要的资源。所以，我要感谢女性，没有你们阿里巴巴不可能到纽约来上市。”在万众瞩目的上市公司敲钟仪式上，阿里巴巴此次敲钟的8位主角并非来自阿里巴巴本身，而是阿里巴巴的客户与忠实粉丝，其中有5位是女性，她们分别是：

劳丽诗：淘宝店主，前奥运冠军；

黄碧姬：云客服，90后大学生；

何宁宁：淘女郎、自闭症儿童教师；

王淑娟：海归回国，带动青川地震灾区电商创业；

乔丽：80后女孩，拥有“淘宝博物馆”的10年用户，称自己为淘宝头号铁杆粉丝。

另外三位男性：一位快递员、一位中国农民、一位外国农民，对于电商而言，有着在职业方面代表性的考量在内，非男性不可。

新时代的大幕正徐徐拉开，阿里巴巴深谙其妙，不仅仅是将女性视为交易对象，更让她们感觉到是“自己人”，而且是极为重要的成员。在阿里巴巴最重要的社交时间与派对场合，将铁杆女粉丝推到聚光灯下。

连接是女性与生俱来的特质。它就像一张网，把女性的人际关系、多重生命角色，甚至整个世界都联结起来。能善用连接的营销人员，就像拿到打开女性荷包的钥匙。

第一章　首先，找到1000铁杆女粉丝

女粉丝成为企业最重要的资产

从强势媒体到强势消费者的转化，使得传统营销模式效力日渐衰减；但是，移动互联时代，卖家能更容易地到达与获得粉丝并与之建立连接，这为商家带来了新的可能——通过粉丝去影响、连接新用户，成为新营销的关键，而1000铁杆女粉丝模式则是进入新世界的最佳切入点。

第二章　一个铁杆女粉丝胜过 100 普通用户

少数核心女粉丝影响大市场

新的传播机制成就女性的网络影响力，也推动了新的消费变革。由产品驱动、构建用户关系，已无法满足新的需求。成功者基于女性的情感需求与生活形态，重建消费者连接，以此建立、维护粉丝关系，并激发其网络扩散效应。

第三章　磁力点

高匹配，高感度

纯粹物质性的商品很难引发消费者心理上的共鸣。对于女性而言，消费购物与社交密不可分。你必须超越产品物理特征与功能，从消费者身上找到彼此高度匹配的属性，才能触动其更为深层的需求。产品只是构建顾客关系的载体，心智层面的契合才能将普通的交易关系转化为心理层面的持续认同。

第四章　情感结

强情感，强连接

数据和事实是感觉的奴隶，而不是相反；女性更忠于自己的感觉。女性在选择产品时 80% 靠的是感性判断，而只有 20% 是靠理性的。女性通常是从一个感性角度去接受一款产品，然后用理性的观点支持她们的感性决定。

第五章　甜蜜区

长连接，长相随

单纯基于产品销售的交易并不能让你与女性建立深入的关系。创建“甜蜜区”，强化参与感，制造共创、共享的机会，可让传统的顾客关系由物理连接升级到化学融合，由交易关系进化为利益、情感共同体。

第六章　信任圈

大连接，大认同

信任缺失的时代，女性消费者更希望从自己的社交“信任圈”寻求慰藉。通过女性社交圈具有说服力的人士提供产品证言、表达认同，并制造社群效应引发强烈而广泛的“社交认同”交叉感染，可有效强化顾客忠诚度。

第一章
首先，找到1000铁杆女粉丝

女粉丝成为企业最重要的资产

从强势媒体到强势消费者的转化，使得传统营销模式效力日渐衰减；但是，移动互联时代，卖家能更容易地到达与获得粉丝并与之建立连接，这为商家带来了新的可能——通过粉丝去影响、连接新用户，成为新营销的关键，而1000铁杆女粉丝模式则是进入新世界的最佳切入点。

第一节　传统营销的双重难题

拿出薄薄的一张纸，假设它足够大，然后将它折叠50次，那么它会有多高？

多数人可能会说不足一尺。

实际上，这个长度等于往返地球与月球10次的距离——纸的厚度乘以2的50次方，数字虽小，但翻了很多倍。

Y = C ×2^X

其中，X代表时间，Y代表用户的信息分享量，C是一个常数。

这一公式源自全球最大社交网络Facebook创始人马克·扎克伯格的社交分享定律。根据Facebook的统计数据，社交分享信息量以倍数增长，今天分享的信息总量是两年前的两倍，从现在开始后的一年用户所产生的信息分享总量将是今天的两倍。

就Facebook而言，早在2011年7月，这个平台上的用户每天公开分享40亿条“事物”，包括状态更新、图片等。

这已经不是用“信息爆炸”可以形容的了。

美国著名的统计学家和作家奈特·西尔弗说：“每天，人们在一秒钟内产生的信息量相当于国会图书馆所有纸质藏书信息量的三倍。其中大部分是无关的噪音。因此，除非你有强大的技术来过滤和处理这些信息，否则你就会被它们淹没。”

对于商界而言，这是一件喜忧参半的事情——Facebook 等社交媒体为我们开创了一个前所未有的社交时代，让产品、服务提供商前所未有地可以与用户建立直接连接，但同时也产生了前所未有的困境。

这就是我们面临的第一重难题：

在这个信息超载的世界中，用户注意力被碎片化，企业越来越难接触到客户和维持客户。

诺贝尔经济学奖得主赫伯特·西蒙（Herbert Simon）很久之前就已预测到这样的情形——信息已经“耗尽接收者的注意力”，他在 1971 年写道，“信息的丰富将带来注意力的匮乏”。其中蕴含的悖论，正如诗人穆旦所言：“你给我们丰富，和丰富的痛苦。”

获得消费者关注的机会越来越渺茫。

第二重难题是：

信息技术、社交媒体将市场话语权逐渐从厂家转移到用户手上，**营销从“power media”（强势媒体）的年代，转换为“power consumer”（强势消费者）的年代：**网友的一篇批评，其影响力可能远胜于企业数百万元的广告。

品牌的选择权已经不在企业手上，而在消费者手上——新技术为获得他们的青睐，想尽一切办法去除一切传统意义上的广告。

这两大难题促使企业从根本上改变营销运作模式，启动基于数字化的转型——这已经成为一种普遍的选择。

但是，这种数字化的传播大迁徙会不会是传统思维在移动互联新大陆上的简单而粗暴的移植呢？现实中很多企业正是这么做的，他们只不过换了一个烧钱的方式而已。

转型的代价日益高昂，然而收效却越来越小。

我们需要寻找进入新世界的新通道。

第二节 新策略：翻转漏斗

在营销者所有的梦想中，有一个梦想格外突出：让产品突破市场规模的临界点，到达为数众多的消费者手中。对于有些营销者而言，这个梦想成为现实，比如苹果、宝洁、可口可乐、红牛等营销大师的案例。

正如名人殿堂中不朽的先贤很难被复制，这些案例也很难被重复。幸运的是，移动互联时代给我们开辟了一条更可行的路径，要突破临界点并不意味着要重走传统以大投入为标志、代价高昂的大众营销之路。

传统的思考模式通常可以概括为这样的一个公式：市场份额=新产品开发+促销+广告费用+销售量。

这个公式的意思是，营销的最终目的是扩大市场份额，而市场份额则由四个要素决定：持续的新产品开发、各种名目繁多的促销方式、大量的广告和无处不在的分销。

在此模式主导下，以大众媒体传播为主体的营销就像是装漏斗（图1－1），投入大笔营销费用，利用促销、广告、公关等手段将各种各样的人放进了漏斗的口里。有些人会从漏斗口滑落，他们对你的产品或服务丝毫不感兴趣；还有一些人了解你和你的组织，从朋友那里听说过你，把你的产品或服务跟同类进行比较，并最终从漏斗的底部漏了出来，成为你的用户。

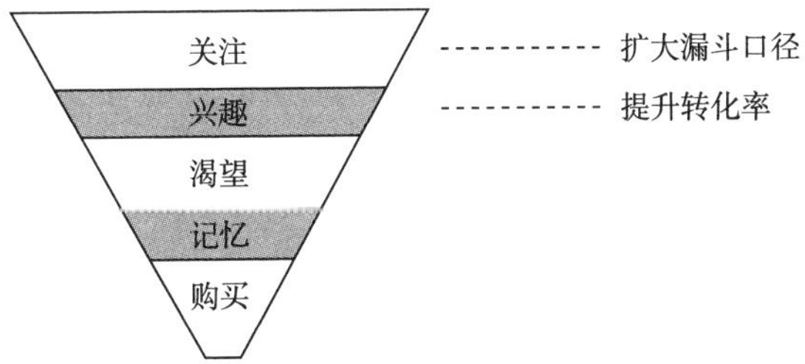

图1－1　漏斗模型

如果你的做法跟大多数传统营销人员一样，你就会把大量时间用来争取那些位于漏斗口的人的注意。毕竟，要想让尽可能多的人了解你的想法，你就必须吸引他们的注意力、购买更多的广告，把更多的人放进漏斗。

正如我们所常见的那样，要想把漏斗装满，你需要投入的时间和资金很快就会超出你的预算。

我们正生活在人类历史上最为嘈杂的市场环境当中，无论你所出售的产品是水泥、砖头还是书本，人们比以前更容易忽略你。因为你根本没有足够的时间来传达你的信息。

除此之外，你也没有足够的人手。你的营销队伍并没有你期望的那样强大，即使是最优秀的营销人员的业绩也开始下滑，他们并没有达到你的期望值。如果你希望通过扩大营销队伍提升市场业绩，你将陷入人海战术的困境，边际效应越来越低。

幸运的是，你还有一项没有得到完全利用的资产：你的用户。

先告知、再购买、后沉淀忠实客户，这是传统大众营销的主旋律，其中购买成为企业营销链条的终点，购买达成意味着一次营销的结束。

数字化时代，要求我们将漏斗翻转过来，购买不是营销的终点而是新的起点——购买引发新的消费与传播。

新模式依循的路径是：在初期有限的消费者当中培育、锁定第一批忠实用户，通过他们影响其他潜在消费者、继而沉淀更多的用户。

这条路径依循的是新的营销策略：把陌生人变成用户，让粉丝成为你的营销志愿者，让铁杆粉丝成为你的超级营销义工——拥有一个粉丝意味着你多了一个不拿工资的义务营销工作者，而一个铁杆粉丝顶得上100个普通用户。

重要的是，这些营销义工说的话比企业内部员工更具说服力、更能打动消费者。

通常情况下，你的用户要比你的销售人员多，可能也远远超过你所认识的人。如果你能够想办法用互联网来让那些喜欢、认同你的人，或者对你的成功抱有极大兴趣的人变得更有影响力，那结果将会怎样呢？

用户这一资产中尤为珍贵的元素是“粉丝”，随着网络社群的兴盛，逐渐成为企业营销最重要的元素。**粉丝不是普通的产品使用者、关注者抑或微博微信等社交媒体上的某个账号，而是表现出较强的偏爱与情感认同的群体。**

历史上，尽管几乎每个年代都有偶像和“粉丝”，但由于缺乏便利的沟通平台，无法像现在一样真正地形成一种力量。如今，网络从速度、规模、便利三个方面为用户加持，粉丝的力量如“龙卷风”般席卷商界。

星巴克为提升品牌知名度推出了一项比赛：在美国6大城

市放置了新的广告海报，第一个发布海报照片的粉丝就可获赠一张20美元的礼品卡。结果，这一推广活动带来的效益远远超过投入成本，星巴克称其与传统促销的区别在于“投资数百万美元还是数百万粉丝”。

大众文化学者考乃尔·桑德沃斯一语中的：“不参考粉丝的狂热行为及粉丝理论，是不可能去谈论大众消费的。”英文中甚至出现了Fandom（粉都）一词以描述由粉丝构成的亚文化群体。

“果粉”“米粉”“花粉”已经成为各大品牌追捧者的综合性称呼。他们爱品牌，关注品牌产品，关注企业相关明星活动，甚至创建论坛、贴吧等各类社区推动品牌的发展。

今天的营销者，必须理解这一群体，并且和这个群体建立长久的关系——通过互动消除销售者和使用者的界限、放弃买和卖的绝对立场关系，以温和的方式将消费者转化为品牌粉丝，善用不可忽视的社交力量，找到热心的品牌营销志愿者与传教士，让“朋友推荐”力度变强。

双重难题背后对应的正是数字化时代的两大转变与救赎——

（1）网络社交时代，“品牌-顾客”联系由弱连接到强关系进化的驱动力不断加强；过去仅被视为营销对象的消费者，逐渐成为企业营销最重要的资产。

（2）传统的垂直信任体系逐渐坍塌，水平化信任体系正在构建——相对于企业、明星、传统媒体，用户越来越信任身边的朋友——社交工具让粉丝担当营销义工的动力越来越强。

第三节 1000铁杆粉丝，新的临界点思维

对于这种充满吸引力的策略与模式，人们充满好奇，也推出了很多美妙的理论。然而，迄今为止，还没有哪种理论为这一新模式找到“小而美”的切入点。

在转型的道路上，很多想法不自觉地沿袭过去大而全的营销思路：用户数量先于质量，品牌知名度重于忠诚度，并以此为指导思想展开营销工作。

翻转漏斗的模式，直观地告诉了我们需要找到一个小而美的切入点，必须依循用户质量优于数量、忠诚度重于知名度的逻辑。

有着“互联网预言帝”美称的凯文·凯利（Kevin Kelly）一向以趋势观察著称，他曾经提出了“1000铁杆粉丝”理论：任何创作艺术作品的人，只需拥有1000名铁杆粉丝便能糊口。这里，铁杆粉丝是指那些无论你创造出什么作品都愿意付费购买的人。

在2008年3月首次提到该模式的博客文章中，凯文·凯利这样写道：

创作者，如艺术家、音乐家、摄影师、工匠、演员、动画师、设计师、视频制作者，或者作家，换言之，也就是任何创作艺术作品的人，只需拥有1000名铁杆粉丝便能糊口。

这里，铁杆粉丝是指，无论你创造出什么作品，他（她）都愿意付费购买。他们愿意驱车200英里来听你唱歌。即便手上已经有了你的低清版作品，他们仍愿意去购买重新发行的超豪华高清版套装。他们会在谷歌快讯里添加你的名字，时刻关注与你有关的信息。他们会收藏售卖你的绝版作品eBay页面。他们参加你的首场演出。他们购买你的作品，要你在上面签名。他们购买与你相关的T恤、马克杯和帽子。他们迫不及待要欣赏你的下一部作品。他们就是铁杆粉丝。

现在，你无需100万个粉丝才有理由创造新作品，因为1000个就已足够。

这一小群死忠粉丝足以让你养活自己，在他们的外围是一般粉丝。一般粉丝不会购买你的一切作品，可能也不会寻求和你直接接触，但他们会购买你创作的大部分作品。在培养铁杆粉丝的过程中，你也能发展一般粉丝。拥有一批新的铁杆粉丝，也就意味着你又收获了更多的一般粉丝。如果继续下去，你可能真的能够拥有数百万粉丝，并且大获成功。在我看来，创作者都希望拥有百万粉丝。

不过，这个策略的要点在于，你无需大获成功也能生存下去。你无需跻身畅销创作者之列也能逃离长尾。这是一个中间状态，离尾巴不太远，但至少能够养活自己。这种中间状态就叫作“1000铁杆粉丝”，如图1－2所示。它是艺术家的备选目标。

假如，他们每年愿意花费自己一天的收入在你身上，假如他一天的收入是100美金，那么他就愿意一年花100美金在你身上。如果有1000铁杆粉丝，那么你一年会有10万美元的收入，在美国，你会活得还不错。

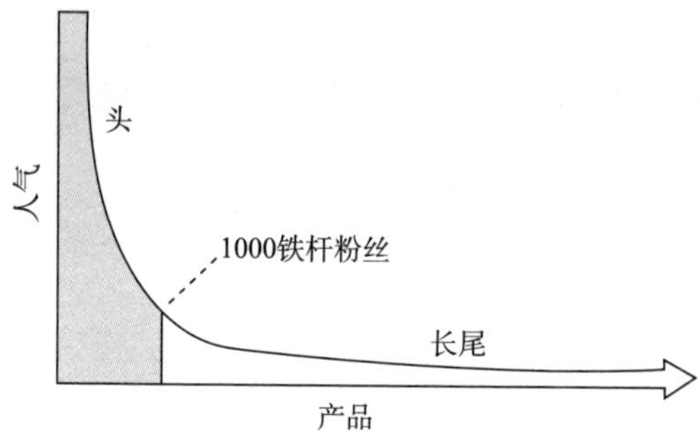

图1-2 长尾效应

铁杆粉丝是粉丝中的核心成员，表现出“狂热”与“强烈偏好”特征，在数量上往往不到实际用户群体的1/100，但他们却是为你制造市场影响力的关键。总体而言，铁杆粉丝具备如下特征：

（1）他们对所钟爱的产品、服务方方面面了如指掌、津津乐道，自认为最有发言权。

（2）他们对品牌犹如宗教信徒般虔诚，并身体力行地充当该品牌的卫道士，对来自他人的任何诋毁都极力辩解回击。他们积极参加该品牌举办的各种活动，并为自己是该品牌的追随者而感到骄傲。

（3）他们不遗余力地向其他消费者推介品牌在功能与情感方面所带来的满足，为品牌带来更广泛的市场影响力。

可惜的是，凯文·凯利“1000铁杆粉丝”提出之时，搜索引擎 Google 才是互联世界最强劲的发动机。Facebook 创立才不过 4 年，网络社交时代尚处于萌芽期，铁杆粉丝的黏性与扩散效应尚十分微弱，兼之该理论聚焦于艺术创作的特殊人群，因此该理论在网上风行一时之后便为人们所淡忘。在发布该文之后的一个月内，凯文·凯利连续写了两篇与此有关的博客，然而都是以“反证”为主，在他心中这仍然有待验证的“乌托邦”，长期以来也只是被一小部分 IT 界人士所关注。

但是，日益兴盛的微博、微信等社交平台，在连接的便利性、速度与规模方面大大催化了人际互动效应，这一理论的魅力随之得以凸显，并将被我们重新发现。

当我们将这一理论移植到企业营销领域，在今日网络社交的时代框架下予以观照，其可行性无疑大幅提升——移动互联时代，网络社交工具的出现，让你与粉丝可以持续连接，更容易达成深度的互动关系。基于“1000 铁杆粉丝”理论，有人甚至推出了相应的移动社交工具。

在这个模式当中，除了技术上的可行性，我们还需要考虑的一个问题是：若能实现这样的回报，我们在时间、精力等方面的投入能否支撑这一模式？

就这个模式，我们一起做个简单的计算：

收入：

200 元/铁杆粉丝/年 ×1000 铁杆粉丝 =200，000 元/年

平均工作时间：

假设每天工作 8 小时，

40 小时/周 ×50 周/年 =2000 小时/年

也就是说，每年你为每个铁杆粉丝分别投入 2 小时；据此测算，每个铁杆粉丝每个小时为你付出 100 元。这并不是一个荒唐的数字，尤其对于牙医、养生顾问、专业会计、营销咨询、课外辅导老师、健身教练等专业服务人士而言更是如此。

凯文·凯利认为“1000 铁杆粉丝模式是创作者介于贫困和成名之间的归途。它的位置低于顶级的畅销之列，但又高于长尾的无名之辈。”

总体而言，如果每个铁杆粉丝每年在你身上花费 200 元，你一年便可获得 20 万元的收入——这是个最基本的保障和起点。当然，这也不完全算什么新鲜事。长期以来，很多小镇上的夫妻店只将货品卖给小部分人，社区的面包店、杂货店同样如此。

如今，粉丝数量显得比产品销量更为重要，因为前者更能说明企业可持续发展的潜力与盈利前景。对于投资者来说，一个企业拥有的粉丝数目决定其投资价值。

一名塔可钟快餐厅的客户不仅仅是今天花三四美元吃顿午餐这么简单，根据塔可钟的估计这位客户终其一生能给其带来的价值竟然高达 1.2 万美元！而对汽车制造厂家来说，一名客户的终身价值平均高达 34 万美元。

按照一般市场行情来测算，1000 铁杆粉丝意味着相应地具有三四千位非铁杆的普通用户，他们也会给你带来不错的额外收益。

如果说过去传统大众营销的市场临界点是1000万元或者1亿元销售额，新的市场临界点就是1000个铁杆粉丝——这一数量视市场特性在一定幅度内浮动。

第四节 数字是变量，模式才是关键

1000铁杆粉丝模式的核心就在于：卖家能更容易地到达与获得粉丝并与之建立连接——哪怕你只是销售那种针对利基市场、仅适用于某些敏感婴儿的特殊奶粉，你也能找到1000个忠诚的粉丝。

过去，企业与用户很难与用户建立直接联系，并将其转化为可为你实施义务营销的铁杆粉丝，即使能够做到，其投入都非常高。这使得企业更愿意通过广告向消费者单向传达信息。现在，网络社交平台将这一切改变，使得1000铁杆粉丝模式具备很强的可操作性。

互联时代，“1000铁杆粉丝模式”是一个富有智慧的洞察。对于商界而言，凯文·凯利的观点蕴藏着新的可能——1000个铁杆粉丝将是市场实现突破的临界点，它的位置离畅销榜还有一段距离，但已足够让很多企业在市场上获得一席之地——有了这个支点，你就获得了由“投入期”向“盈利期”以致“强大期”穿越的机会。

这一模式告诉我们，艺术人士不必像摇滚巨星一般拥有潮水般的粉丝，也可以过上得体的生活；同样的理念也适用于顾问、教练、会计，以至所有的专业服务机构。你不需要一张50000人以上的名单，只需要一些持续稳定的客户。同理，企业不必依赖短时期内将产品卖给海量用户的模式，也能突破其市场临界点。

至此，我们需要明确的问题是：实现突破的数目到底是多少？10个？100个？1000个？3000个？要成功到达临界点、穿越窄门，你到底需要多少忠实粉丝？

在这一模式当中，1000这一数字更多地代表市场突破的"临界点"，是指引人们在互联网的海洋中实施"翻转漏斗"的营销策略时的浮标，其具体的数量可能在此上下变动，这取决于你销售的产品。对于咨询顾问业而言20个企业铁杆粉丝已经足够；对于社区餐厅来说，300个铁杆顾客已经很理想；对于一个大型超市而言，2000个长期死忠客户可能是个平衡点。

就我个人而言，我撰写本书的当下个人朋友圈有4000多个粉丝，其中大多数都是以企业经营者为代表的高质量粉丝，毫无疑问他们会是我的潜在客户。就我所从事的品牌顾问策划业务而言，仅仅需要一年和他们中的10个合作，就会获得不错的业绩。如果我推出一款产品，其中50个从事代理业务的铁杆粉丝合作的话，将足以成就一个小有规模的品牌。

正如凯文·凯利所言："**根据媒介不同，实际数量也可能有所不同。**画家也许只需500个铁杆粉丝，而视频制作者需要5000个铁杆粉丝。所需粉丝的数值也肯定会随国家地区的不同而异。但事实上，实际数字并不重要，因为只有达到这个数值，你才能知道到底需要多少铁杆粉丝。一旦你拥有了足够的粉丝，实际数据也就显而易见了。这就是你所需要的铁杆粉丝数量。我的1000铁杆粉丝理论可能会出现一个数量级的偏差，但即使如此，养活自己所需的铁杆粉丝数量也远远不及100万个。”

是的，实际数字并不重要，如果偏执地盯着1000这个数字，我们将难以把握这个模式的魅力之所在。**这个模式的精髓在于，将我们从过去那种追求短时期内将产品营销到百万以至千万人的模式，引向聚焦于第一批“种子用户”——这批用户的规模很小，远低于过去动辄百万数量级的预期（数万忠实用户已经是超级理想的规模）——锁定他们并将麦克风交给他们，前期的市场速度可能会显得有些缓慢，但是一旦突破临界点，指数级的“裂变”就会发生。**

创造了小米神话的投资人雷军曾经公开说过这样的话：“我大概也就十来万忠实用户，但这十几万用户，帮我卖了一千多万部手机，我觉得如果没有他们的力挺，我们怎么能做到今天呢？我们更在乎用户的质量，而不是用户的数量。我觉得在今天的互联网里，用户的质量比数量重要。如果有了这些东西，你全身心投在做产品上，将产品做出口碑来，那么用户才能喜欢你。”

十多万忠实用户帮助企业成就了数百亿的市场规模！而这一切最初源于最初的100位种子用户！

前互联时代、传统模式之下，这不可想象！

在这个模式当中我们需要深刻理解铁杆粉丝对于企业的含义，他们绝非通常意义的忠实顾客。真正的粉丝不仅会购买你的产品，更重要的是他们还会推荐给自己的朋友——铁杆粉丝会自发地影响长尾市场。

按照二八法则，在1000个忠实的铁杆粉丝的基础上，会有4000个一般粉丝；二者相加，总计5000粉丝量，刚好是一个微信账号5000好友的上限；也就是说，从运营维护的角度来说，无论理论上还是技术上都足以支撑。

微信的5000个粉丝，若其中有1000个都成为铁杆粉丝，对于很多成长中的企业来说应该是一个十分理想的数字。

网络社交时代，每个铁杆粉丝代表一个圈子和部落。一旦他们作为营销义工发出声音，就像1000部小电台在为你进行传播。

受凯文·凯利启发，拥有当今世界点击率和链接率最高的商业博客、互联网界骨灰级营销专家赛斯·高汀认为："对于公司、非营利组织、教堂来说，这些远远不够——星巴克可能需要100万个粉丝，总统竞选人可能需要1500万粉丝。但毫无疑问的是，人数（你可以算出到底是多少）其实并不需要如你想象的那样多。我们并不需要为所有人创造产品，我们只需要为我们的想法和行动找到1000个真正的粉丝。每个创造者，包括但不限于独立艺术家、发明家和小型制造商、社会企业家、创意传播者，只需要找到1000个真正的粉丝，就可以撬动这个市场。如果你每天吸引1个粉丝，你需要的时间是3年。"

在赛斯·高汀看来，找到1000个真正的粉丝，已经不是"谋生"那么简单了，而是可以撬动一个市场。

将这个模式的内在威力彻底释放出来的关键问题是：什么样的用户会成为最佳的传播者？

第五节　1000 铁杆女粉丝，成就小趋势

曾担任过美国总统战略顾问的马克·佩恩在他的著作《小趋势》中说："小趋势"是决定未来大变革的潜在力量。发现和关注那些也许并不显著的变化，可以帮助我们早一步抓住变革的机遇。"小趋势"告诉我们如何去观察那些小群体的发展，他们能改变一个企业的命运，可以对一场选举的胜负起决定性作用，还可能煽起一场运动，或者改变你个人的生活。

马克·佩恩指出：在美国 3 亿人口中，只要有 1%，即 300 万人口在价值观或生活习惯，或行为方式，甚至在身体特征上相同或近似，从而构成了一个群体，且具有目前社会不能满足的共同需求，即一种"小趋势"，就足以开创一个新的经济模式或造成整个社会的变化。小群体有大能量，当今世界最大的趋势就是这些"小趋势"的形成。

1% 的人口所形成的"小趋势"能影响社会变化，那 1000 个铁杆粉丝就能在商界形成影响市场变化的"小趋势"。

凯文·凯利一向以趋势洞察著称，对于科技与文明的发展有一个有趣的认识："当'女性'开始参与一项趋势或商品时，这项趋势或产品的文明阶段才要开始。"

很可惜，他并未将"1000 铁杆粉丝"的理论与这一趋势认知结合在一起。而本书的使命，便是要完成这一融合——当我们将目标锁定为女性时，1000 铁杆粉丝理论就更有可能引

领新的商业趋势。

女性更容易成为粉丝，女性构成粉丝文化的主体，东西方皆然。在大众文化领域，这一点已经得到十分直观的呈现。在20世纪60年代中期，披头士乐队曾引发了欧美历史上规模罕见的追星狂潮，一种首次“以女性为主体的群体性骚乱”。

铁杆女粉丝的辐射效应

歌手李宇春只有4.5万个铁粉（即一年会看她的演唱会两次的人），真正的传播节点只有4.5万个，但这4.5万个人却带动了全国几千万人都喜欢她。

铁杆女粉丝的影响力，在于女性强大的分享能力。她们通过坚持不懈地影响身边的人，辐射更大的市场。

这种影响力往往能创造意想不到的奇迹。Moleskine笔记本从濒临消亡的境地复兴的故事，便源自于一位名叫玛利亚·塞布雷贡迪的女教师的推动。

作为消费者，女性粉丝比男性表现得也更为狂热。星巴克的一位拥有博士学位的超级女粉丝，每天三餐都在星巴克解决，连生日、复活节、感恩节及圣诞节的大餐，都是在星巴克解决……她每天记录吃了什么，并自拍分享。每个月平均要花423美金，就这么吃了一整年！如果换作是一位男性，很多人会怀疑他是否精神不正常。

当我们充分意识到女性作为掌管家庭消费开支并通过社交

媒体在“信任圈”内发挥强大购买影响力的角色时，其价值更有着非同寻常的意义。

企业的每一次销售都会经历“发起－调查－面对面交易－维护保养－事后影响”，在此过程中女人所扮演角色的广度和深度远超男人。男人往往在“面对面交易”环节会冲在前面，但女人从开始到事后整个过程中都投入了更多的时间和精力。她们对这次交易的感情投入也比男人更多——这跟男女处理感情的方式高度相似——对于女人在此过程中如何发挥作用，很多人容易忽视。所以，如果一对男女中的女人对这次交易很满意，她（而不是那个男人）就会成为品牌的拥护者，能助公司一臂之力。相比男人，女人更容易成为企业的推广大使与营销志愿者。

在跟朋友分享个人经历方面，女人分享的次数比男人高三倍。如果你问一个女人，她是怎么选择理发师、美容师或者红酒，她很有可能告诉你是闺蜜推荐的，而这又与女性爱分享的特征密不可分。最近发布的一项研究结果提到：在谣言制造者中，男女做出的“贡献”不一，男性制造了谣言中的83%，而女性只是17%。不过，在谣言传播过程中，女性会相对更容易相信并传播。

值得庆幸的是，网络社交时代女性渐渐占据话语空间的主导地位，这无疑也进一步强化这一“小趋势”。我们可以看到在很多领域尤其是服装、美容、餐饮、旅游、娱乐休闲等领域，女性“达人”们在影响大众的消费方面表现得越来越活跃。交换与分享产品使用心得，正成为女性网络社交的重要方式。

尼古拉斯·克里斯塔基斯与詹姆斯·富勒合著的《大连接》一书通过观察男女饮酒行为影响力，指出女性是网络流行的关键："影响力在网络上的传播并不是没有区别的，女性对饮酒行为的影响力明显大于男性。如果一个女性开始过度饮酒，她的男性朋友和女性朋友都可能受其影响而开始饮酒。但如果一个男性开始大量饮酒，他对男性朋友或女性朋友的影响力就都没有那么大了。造成这一现象的原因我们还不太清楚。但我们可以这样推断：既然女性是网络流行的关键，因此，她们也许就是成功干预饮酒行为的关键。"

如今，女性分享的动力正被不断激发，社交媒体上的互动，朋友圈的刷新，秀脸、秀厨艺、秀身材、秀情绪、秀消费战利品……女性成为移动互联网上最大的口碑扩散群体。基于这种趋势，一些精明的品牌商把口头宣传提升到了更高的水平——从"告诉一个朋友"到"卖给一个朋友"。微商这种销售模式的快速发展便与此紧密相关。

在美国，由指甲油起家的茱莉普美容公司如今风头正健，被视为下一个10亿美元公司。这家公司的创始人简·帕克不走寻常路，注重借助粉丝的力量扩展市场，甚至通过粉丝的帮助与一些大型零售商建立关系。例如，一位管理诺德斯特龙货架的朋友使茱莉普美容公司的产品得以进驻这家连锁百货店。一位时尚编辑朋友把简·帕克介绍给了一位女商人，后者帮她联系上了QVC的采购员，这位采购员正在寻找一家可以在60天内交付美国国庆日主题指甲油的美容公司，以便参加事先计划好的假期展会。

由此可见，只有铁杆女粉丝才能真正将1∶100的辐射效应发挥出来，实现1000铁杆粉丝影响10万人群的效果。

网络社交时代，企业翻转营销漏斗时，女性成为最理想的合作者，因而也是1000铁杆粉丝模式的最佳选择。因此，当我们将整个模式升级为1000铁杆女粉丝时，其思想威力便得以充分呈现。

拥有1000铁杆女粉丝，你就是一个初具影响力的品牌——每个铁杆女粉丝意味着一个家庭、一个朋友圈，都是一个独立的小电台。1000个铁杆女粉丝为你传播时，就像1000个小电台在为你义务发声。

女性思维主导的网络社交时代

很多人将这个时代称为“社交时代”——截至2014年9月，全球拥有20.3亿的社交媒体用户。社交媒体策略师Vincenzo Cosenza每年6月和12月都会更新“全球社交网络地图”，并在地图中标示每个国家和地区最受欢迎的社交网络服务。2014年7月，他再次更新该地图。

根据Alexa统计跟踪数据，该地图标示社交网站Facebook在全球137个国家和地区中已有130个国家和地区处于领先地位。不得不承认，网络社群的出现从根本上改变了我们的文化和媒体景观。

而女性正是这个时代最重要的参与者与推动者。在社交媒体上，女性用户比男性用户占有更大的比例，在Facebook上这种差异性表现的尤为明显。截至到2013年年底，72%的女性网络用户拥有Facebook账号，而只有62%的男性网络用户拥有Facebook账户。据尼尔森的报告显示，社交媒体和博客的访问者主要是女性。18岁至34岁的女性是所有年龄段中最活跃的人群。

女人在社交平台上的影响力是如此之大，以至于有的网站为性别失衡的局面而发愁。在各种社交网站中，以订图板风格分享各种精彩图片的Pinterest独树一帜。不过，这个由三位男士共同创立的平台遭遇了“阴盛阳衰”的甜蜜烦恼——在其用户中男性只占到两成，而真正粘贴图片进行了分享的男性用户，占比只有可怜的8%。应用数据AppData和Facebook的广告工具更显示Pinterest的Facebook页面粉丝有超过97%为女性。互联网流量统计公司comScore的数据显示，超过90%的Pinterest访问量来自移动端，比Facebook（68%）和Twitter（86%）都要高。这一数据表明，女性对未来的移动互联世界的影响将更为深入而持久。

女性先天具备的网络化、扩散性思维特征，使得她们更容易适应这个网络社交时代，进而超越男性成为网络无形的新大陆上的主导者。

伊丽莎白·佩斯在《两性购买按钮——如何启动男人女人的购买程序》中写到：“如果把男人的大脑比做是档案柜，那么请记住，女人的大脑就是一张大大的工作台。她会仔细考虑那些存放在她那像大桌子一样的大脑里的信息组，综合考虑这件产品能给她的生活带来的一切影响。费舍尔博士将其命名为‘网络思维’。”

该书提到：“女性大脑的第一个同时也是最重要的法则是：在女人的大脑里的每一个档案都与其他档案相互关联。女性左脑掌控语言的功能区域比男性的多出11%的神经元。胼胝体是左半脑与右半脑连接、沟通的桥梁，而女性比男性大约多了23%的胼胝体神经细胞。这也合理地说明了为何女性具有强烈的第六感、社会化意识及将时间连接起来的能力。”

这种网络化、社会化的思维特征使得女性更排斥男权时代的高度中心化的传媒机制，而倾向于拥抱具有强烈去中心化特征的社交网络。

女性的思维特征与心理特征使得她们更有资格成为网络社交时代的原住民。

此外，男女社会角色的不同，也使得女性在碎片化的网络空间更为游刃有余。

男性角色有更集中化的倾向，比如其社会化角色会占压倒性地位，只要事业有成，家庭角色或朋友角色都易被忽略。而相比男性而言，女性在其多重角色之间，会被期待一专多能，需平衡演绎员工、妻子、母亲、女儿、闺蜜的角色。女性一生在多重角色平衡演绎过程中，练就了同时处理多项事情并有效利用碎片化时间的绝技。对于一些年轻家庭主妇，有大量闲暇时间需要消磨，而移动互联网正是消化碎片时间的绝佳选择。市场研究公司ComScore发布的《女性在上网：

女性如何影响互联网》的研究报告称，女性每月花在社交网络的时间比男性高出30%。

当你在Google进行关键词搜索时，“搜索”这个动作是你主动、具目的性的“理性行为”；而人们使用Facebook、微信等社交平台的目的是个人与个人间的社交与分享，行为和需求通常是“感性”的。因此，如果说社交网络有性别的话，其性别属性更倾向“女性”，因为它去中心化，且更碎片化、更情绪化、更切合女性乐于分享和反复比对选择的特点。

对于女性而言，社交媒体对于其生活交际有着特别的意义。有份针对女性的专题报告如此描述：“女性网民还将社交媒体视为一种延伸友情与其他社会关系的方式。长时间同时维持多个友情及社会关系会造成沉重的负担。但是社交媒体能够让这些女性更频繁地与她们的朋友相处，不用花费太多的时间就可以维持相互间的友谊。调查表明，事实上这些女性网民当中不少人在社交媒体上与家人和朋友共度的时光多于他们实际相处的时间。”

知名公关公司明思力发布的《全球女性网民的社交智慧》全球研究报告指出，数字网络和社交媒体对全球女性网民有着强大的吸引力：与放弃使用智能手机相比，75%的女性网民宁可一个月不喝酒；55%的女性网民宁愿放弃咖啡和茶；而在中国城市地区，45%的女性网民宁愿放弃一个月的性生活；也就是说，对接近一半的中国城市女人来说，保持在线甚至比性生活还重要！

第六节 建立向女性粉丝倾斜的营销模式

在传统模式下，急于到达临界点的人通常会陷入这一思考惯性：相信抵达目的地的最佳方式是采用人们已经重复了多年的简单方式——推出更多的产品，聘请更多的销售人员，做更多的广告，建更多的大楼，请更多的员工……于是越来越多的企业陷入希腊神话中“西西弗斯”推石上山般的困境。

时移世易，如今正是换轨的时候——当我们将思考的焦点转换到如何创造1000个铁杆女粉丝时，我们会发现转型的可能已向我们敞开。

在移动互联时代，在网络社交空间，要想使你每一次营销投入的回报得到增加，让女人成为粉丝和营销义工是最简单、最快捷的方法。

值得庆幸的是，新的营销环境可以让你更加轻松地实现这一点。如今发明、复制、生产的成本，或者是宣传一种新产品、新理念、新服务的成本已经大大减少。企业界迟早会意识到这一事实。

到目前为止，只有极少数的公司正在努力尝试运用笔者所提到的方式去发展女粉丝。现在，正是好时候，因为趋势正在形成，而愿意投入其中并且善于为之的组织并不多。

采用翻转漏斗策略，导入1000铁杆女粉丝模式，并不需要你投入多少资金（事实上，它还可以为你带来收入）。可正因为如此，许多公司因为一向对那些价格并不昂贵的新事物抱有怀疑态度，所以才没有立即采取行动。这些公司通常的做法是，指派一名年轻人利用业余时间随便尝试一下，看看结果如何。而当某个计划需要投入上千万元时，许多人却反而更容易接受——当投资电商渠道的成本越来越高时，到淘宝、天猫开店的品牌越来越多，正说明了这一问题。

比如某个化妆品公司准备在某家知名卫视的黄金时段投入巨资做广告，1000万元投入的节目时段只是总投资的冰山一角。此外公司和它的广告公司还要提前近半年的时间来准备创意、制作这一广告。他们会不惜重金邀请具有一定知名度的导演和影视明星，当然去普罗旺斯、里约热内卢取景如今对于很多国内公司来说也不稀奇。正因为这种方式投入够大，让人们产生了有效性的错觉并陷入路径依赖，而对新的模式视而不见——“不选对的，只选贵的”在商界有着多么强的心理暗示啊。

百货商店之父、第一个投放现代广告的商人约翰·沃纳梅克曾说：“我知道我的广告费有一半浪费了，但遗憾的是，我不知道是哪一半被浪费了。”很显然，今时今日广告费被浪费的远不只一半。

1000铁杆女粉丝的策略则不同，它并不需要你花很多钱，而且会非常有效，但却需要你投入更多，尤其需要你的公司高层投入更多的感情，同时还需要所有参与者付出持之以恒的努力。

当你第一次邀请你的粉丝们安装公司推出的 App 软件时，她们可能会拒绝；当你第一次让她们关注公司公众微信号时，她们可能会犹豫再三；当你第一次在公司微博看到一些消费者让人难堪的反馈时，你很可能会选择放弃。

但在网络社交时代，这一切都值得你坚持下去。事实上，任何组织都不会轻易接受这些新的做法，但正因为如此，它才真正有效。

值得高兴的是，越来越多的企业正在以女性的思维、语境、互动方式来进行经营创新，甚至在原本毫无差别的产品领域将重心向女性倾斜，因此而开创了新的局面。

2014 年 9 月 16 日开始，美国纽约市、曼彻斯特市的女性可选择专为她们服务的新出租车。这些出租车的司机也全部为女性，并戴着粉红色羊绒围巾。由女性出租车服务创始人斯特拉·马特奥推出的打车服务应用名为 SheTaxis-SheRides，要求潜在客户必须是女性。如果不是女性乘客，该应用会自动将其链接到其他打车应用上——这一应用会让女乘客感觉更安全、更舒服。

在毫无性别差异的水果市场，要弄出点花样并不容易。前身为传统水果商的天天果园进入电商领域之后开始主打女性消费者——这家公司 80% 用户来自一线城市、年轻白领女性，她们在想什么、她们的消费习惯是经营团队关注的重心。女性顾客为天天果园的成长奠定了良好的基础。在竞争颇为惨烈的生鲜电商领域，这家企业在2015年1月开创了销售额破1亿元的行业记录。

2014年9月，《财富》杂志一篇报道提到：

“耐克首席执行官马克·帕克在周四的财报电话会议中对分析师表示，一些迎合女性消费者的努力让公司受益匪浅，比如开发针对女性的应用程序、定期更新女性产品精选系列……据他介绍，Nike+锻炼俱乐部专为女性量身定制了数十款训练方案，目前已经被用户下载了1，700万次。”

耐克不仅看到了女性的消费潜力，更导入一系列激活、转化女性用户的措施。购买只是一个开始，企业利用数字化工具和互动平台与用户建立深度连接，让她们成为自己的铁杆粉丝。

作为传统营销的杰出典范，耐克曾经创造了很多现象级的营销案例；移动互联时代，这家公司仍然踩准数字化之舞的节拍——当然，这也是该公司经过漫长、艰辛如马拉松一般的努力探索之后的收获。

经历了艰难的转型过程之后，耐克这个充满男性荷尔蒙气息的品牌如今可算得上真正的“妇女之友”了——这个品牌的很多创新性营销行为体现了对女性心理的深入洞察。

登陆NIKEiD，女性运动爱好者可以进行从鞋带到中底等一切细节的定制，也可以通过口述进行NIKEiD定制。一双定制的NIKEiD成品不仅仅是个性化的展现，也是强化品牌与粉丝之间连接的黏结剂。

不止于此，耐克还有更绝的做法。在一次大规模的营销传播活动中，耐克通过这些可穿戴设备收集到大量用户的运动数据，并且根据“因人而异”“因地制宜”的原则，为北美地区最活跃的前10万名Nike+会员定制了个人版动画广告。

这个针对北美地区的品牌跨年广告策划，主题为“超越你”。整个广告策划共制作了三个版本的广告短片。

前10万名最活跃会员中的每一位，都会因为所在城市、天气、参加运动项目的不同，而拥有完全不一样的短片。短片还会为用户总结包括耐克能量、耐克训练俱乐部（NTC）运动时间、跑步距离等2014全年个人运动数据信息。耐克希望通过个性化短片鼓励最活跃的Nike+用户，再接再厉，在2015年继续突破自己。

在为配合这次策划专门制作的网页上，耐克特地设置了一个颇有挑衅意味的版块，上面写着“认为自己在2014年动得够多吗？那来看看你是否得到了属于自己的个性化短片吧。”用户可以通过登录自己的Nike+账户来确认自己是否进入了前10万名，拥有定制视频的资格。

“超越你”这一广告系列其实也是Nike女性营销策略的一

次实践——地区版和通用版广告短片中的主角都是女性。

正如其过往营销引领着市场潮流，耐克如今呈现的也是一种新态势——随着网络社交时代的到来，如何发展与维护女性粉丝正成为极其关键的营销策略。

第二章
一个铁杆女粉丝胜过 100 普通用户

少数核心女粉丝影响大市场

新的传播机制成就女性的网络影响力，也推动了新的消费变革。由产品驱动、构建用户关系，已无法满足新的需求。成功者基于女性的情感需求与生活形态，重建消费者连接，以此建立、维护粉丝关系，并激发其网络扩散效应。

第一节　重中之重是关系，而非数量

传统的市场营销策略依循这一路线：打造知名度——建立美誉度——培养忠诚度。移动互联网则将这一思路颠倒过来：先打造铁杆用户群，并以此为基础塑造美誉度，逐渐向外辐射，建立知名度，带来更多目标人群。

如图2－1所示，上面是过去：购买100万的流量→1万人感兴趣→1000人购买→100人重复购买；

下面是现在和将来：培养100铁杆女粉丝→分享→带来1万人的购买→1000铁杆女粉丝→继续分享→影响10万人。

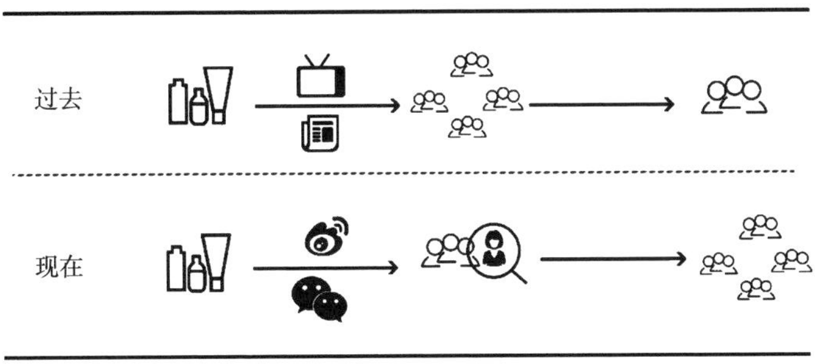

图2－1　营销模式变革

一个铁杆粉丝的价值顶得上100个普通用户，因为1000铁杆女粉丝模式中重要的是关系，而非数量。依循这一忠诚度优于知名度的策略模式，一些企业由过去追求在短时间内最大化影响市场转向将更多的投入用于培养早期种子用户的忠诚度，由规模化的大众传播转向铁杆粉丝群体的精准制导，在此基础上依靠一小部分核心用户的裂变，在市场上引发让人瞩目的蝴蝶效应。

1. 露露柠檬：低成本打造细分市场巨头

主营瑜伽服饰的加拿大体育休闲服装品牌——露露柠檬，从2000年在温哥华开设第一家店开始，到2007年公司上市，短短几年时间就从众多体育服装品牌中脱颖而出。无论是大牌明星还是普通主妇，每人都以拥有一件露露柠檬的产品为荣。它的粉丝被称为“露露粉”。

市场研究公司ThinkEquity Partners的数据显示，露露柠檬的“铁杆粉丝”会花92美元买一条该品牌的运动裤。而耐克的运动裤价格约为60美元，Under Armour的产品也不过70美元。

通过运营社群社区，让顾客充分参与，露露柠檬用一种接近“草根”的方式，低成本建立了极高的用户忠诚度。露露柠檬将瑜伽从瘦身运动转变为吸引众多人参与的集体活动。在美国曼哈顿，露露柠檬每周固定举办两次开放式瑜伽课，每次都有400余名身穿品牌服装的女性踊跃参加；同时也会常年举办免费瑜伽、普拉提及SALSA舞蹈练习班。

这是露露柠檬与阿迪达斯、耐克等动辄花费上亿美元聘请体育明星做推广的最大区别：广借粉丝和意见领袖力量让消费者感知品牌，通过渗透“一小撮”顾客带动更大市场势能。

2. 科颜氏：不打广告的品牌赢家

在最新一次社交影响力综合排名中，科颜氏排名第四，仅次于雅诗兰黛、巴黎欧莱雅和迪奥，而排在它前面的这三大品牌已经进入中国多年、每年有海量传统广告投放费用。

科颜氏的营销理念是不打广告，即不做完全以产品、代言人占据主要内容的付费推广，例如平面广告、电视广告、户外广告牌、灯箱等。

没有广告，对于这种大型品牌来说是一件不可思议的事情——科颜氏是将“口碑”当做广告来做的品牌。

品牌所推出的市场营销手段均是围绕着“口碑”这一中心展开。他们没有明星代言，但是会有明星以使用者的身份推荐他们的产品。在美国，科颜氏会把自己做的慈善或公益活动的安排提前告知各明星。慈善活动既可让科颜氏提升品牌形象，也能获得名人推荐；对明星而言，增加“支持公益”的媒体曝光度也有助于提升个人影响力。

在中国，科颜氏与明星的携手更多是用限量版与公益相结合的形式。科颜氏连续多年与明星及艺术家合作，推出亚马逊白泥净致面膜限量版，在大规模发布的同时，利用在线平台将环境保护信息传递给粉丝和消费者。

3. 绽放：粉丝互动，以小搏大

淘宝上一家很有影响力的女装店铺叫“绽放”，上线7年后，即拥有近100万用户，复购率高达65%，被众多电商业者视为粉丝运营的典范。

这个由夫妻档开始发展的店铺，很少采用淘宝平台商家常用的推广手段，也很少投放付费广告。

绽放从一开始就坚持特色化的定位，锁定爱旅游的文艺化人群，在论坛中与她们积极开展社区交流，打造有趣味的分享平台。

创始团队反对生硬的营销，也从不在这些互动平台里发布任何纯粹的广告信息。在这些互动平台上，创始人经常分享各种旅行的照片，照片上的她穿着自家衣服到世界各地去旅行。

平台粉丝经常互晒旅行经历，不一定都在讨论“绽放”，也会分享自己旅行中的故事、经验，这就像一个热爱旅游的人组成的圈子，可以讨论的话题有很多。

绽放还专门招募粉丝一起去世界知名景点旅游，并用画册、视频等方式进行艺术化的记录。同时，绽放在线上组织粉丝开展英语等方面的学习，在线下发起俱乐部，举办插画、摄影、陶艺、手工制作等活动。

绽放采取了迥异于传统的营销手段，聚焦于与粉丝建立更为深入的关系，立足兴趣、爱好打造生活方式并激发情感共鸣，并让粉丝之间建立连接，进而形成了一个强大的新型“部落”。

通过一帮具有共同兴趣的铁杆女粉丝群体去辐射更广泛的市场，绽放算得上是“以小搏大”的典范。

在淘宝上还有类似的商家，都是在聚焦铁杆女粉丝的基础上，很少做付费广告却逐渐将市场做大。例如卖亚麻苎麻等高端面料服装的无有善见城，在经营思路上，坚守文艺小众的定位，注重30~35岁的女性消费者的精神诉求。2009年7月淘宝开店以来从未参加任何淘宝推广活动，0付费流量，全部依靠自然流量即在有限时间内实现了年销售额破千万元，沉淀万余名忠实粉丝，重复购买率超过60%。

4. Roseonly：粉丝推荐，迅速裂变

中国鲜花市场规模有数百亿，但总体上，中国人还没有送花的习惯。在这个巨大的市场中，礼品用花占据了其中的高端市场，而大部分日常用花，比如婚庆用花，尽管数量巨大，但在普通消费者眼里都无甚特色，连品牌认知都谈不上，更别说粉丝忠诚度。

以"一生只送一人"为诉求的高端鲜花Roseonly专爱花店则围绕女性粉丝开展运营，成功地打造出一个有影响力的品牌。Roseonly将鲜花定制跟爱情对应起来，基于爱情的"唯一性""排他性"，要求买花的人必须注册，必须把名字写上去且不能更改，终身只能送一个人。这个创意对很多女性来说显得很浪漫，因此对她们很有诱惑力。另外一方面，选择从厄瓜多尔等地空运过来的玫瑰，产品一眼看上去就很上档次，满足女性消费者的"虚荣心"。

这家花店的粉丝80%是女性，在营销上没有花多少钱做广告，更多的是靠粉丝推荐，通过粉丝的分享来扩大品牌的影响力。

在收到情人或亲友为自己定制的鲜花之后，女性大都会在微博、微信等社交平台秀出来。这些铁杆粉丝既是用户，也是意见领袖，又是超级营销义工。Roseonly初创在没有实体店只有一个微博账号时，便获得众多粉丝的青睐，其中还包括不少

明星。在这些铁杆女粉丝推动下，Roseonly 粉丝团的雪球越滚越大，4 年时间便在微博积聚 100 万粉丝，成为网店稳固的流量出处。一次七夕的销售额便达到一千万元。

5. 玛丽黛佳：聚焦粉丝，快速突围

彩妆是个高度依赖品牌的品类，对广告投入要求比较高。

2007 年，玛丽黛佳进入市场时，美宝莲、蜜丝佛陀等国际品牌在市场上已经建立了强大的影响力，且全面覆盖各个层级的消费人群。

在这个领域要树立品牌，明星代言、大众广告是基本套路。但玛丽黛佳抛弃这些传统手法，走粉丝路线，通过与粉丝持续展开互动，不断扩大影响力。基于艺术彩妆的定位，玛丽黛佳不断跨界时装、电影、绘画、雕塑，举办一年一度的时尚跨界艺术展及限量版产品的发售，邀请时尚达人及玛粉（玛丽黛佳粉丝的统称）来现场参观。亲临品牌艺术“派对”，粉丝更深入地感受到品牌的独特文化与魅力，因而成为玛丽黛佳更忠实的拥趸。这种做法，使得品牌铁杆粉丝的人群不断扩张。

另外，玛丽黛佳灵活利用微博、微信等新媒体平台让品牌与消费者展开了近距离的交流与互动，加强品牌与消费者的黏性。在线下，玛丽黛佳在各地巡回举办主题为“玩色潮趴”的彩妆沙龙，将年轻消费者的喜好融入其中，通过专业的教学让她们对化妆产生兴趣，以浸入式体验强化品牌黏性。

偏离传统大众营销的模式，不走寻常路的玛丽黛佳，在

渠道商和消费者当中获得了一批忠实的支持者，并以这群铁杆粉丝为基础持续提升势能，很快跻身国内彩妆品牌的领先阵营。

品牌创始人认为："在工业时代，你只需要有顾客和用户即可，而未来时代没有你的社群，没有你的粉丝，你就是死。"

6. Spanx：10亿美元的生意，0美元的广告

作为入选全美60位最富有的白手起家女富豪，萨拉·布雷克里27岁那年用5，000美元的积蓄创办了Spanx，没花一分钱广告，就建立了估值高达10亿美元的品牌。

因为创业资金捉襟见肘，加之广告对他们来说显得有点太深奥，且没法确切地衡量其回报，所以团队就没有采用众多女性品牌惯用的营销策略。Spanx认为，女人从另一个女人那里发现这个品牌是个很好的营销策略——姨妈把它告诉侄女；一个女人把它推荐给大学同学。她们会说："看啊，摸摸我的背，没吊带的！"这种力量是很强大的。在接受媒体采访时，萨拉·布雷克里说道："看看大型社交媒体是如何发展成今天的规模的，就因为人们相信朋友的建议。"

由于深知"口口相传"和"女人间的建议"的信赖是多么有效，萨拉·布雷克里将目标瞄准了愿意公开谈论身体形象的知名女性。

在公司成立初期，萨拉·布雷克里就将她的产品作为礼物寄给长期担任知名脱口秀主持人奥普拉·温弗瑞形象设计师和化妆师的安德烈·沃克尔。奥普拉·温弗瑞多年来刻意记录体

重的增减，她穿了Spanx后感觉舒服和自信。奥普拉·温弗瑞对Spanx的认可极大地推动了这家年轻公司的发展。她的称赞已经足以使一个产品抓住媒体的眼球，在某些方面来说，也抓住了百货商店顾客的眼球。

时至今日，即使Spanx品牌已经获得了难以置信的成功，该公司仍然不做任何广告，虽然现在他们已经能付得起时代广场的每一块广告牌。女性粉丝的口口相传，为其树立了强大的市场影响力——Spanx往往是塑身内衣货架上最昂贵的品牌，但这并未影响销量。

7. SparkPeople：铁杆用户推动平台壮大

创办于2001年的瘦身虚拟社区SparkPeople，已成为世界上最流行的饮食和健身的网站。该网站推崇通过制订目标，适度而灵活地转变生活方式，它推广健美和健康的饮食习惯，提供卡路里追踪器、瘦身操视频和可下载的购物指南等工具。这种做法跟我们所知道的很多其他同类公司相比较而言并无多少新颖之处，其关键还在于推动忠诚而执着的用户群通过团体互助开展瘦身计划。

但在互联网问世之前，由于现实条件所限，互助团体都是由本地节食者组成。有时候，他们除了所在地相同，几乎再没有什么别的共同点。而在SparkPeople上，用户可以开设个人主页，报告自己取得的进展，并发表日志，借此自律并激励他人。用户还可以留言鼓励他们的网友、浏览留言板或是加入成员基于共同兴趣或目标组织的小组——成员通常都数以万计，这些组织者大都是中年妇女。这些铁杆用户，正是SparkPeople发展壮大的主要原因，他们热情地推广该网站，鼓励亲朋好友加入其中。

从以上案例，我们可以看出，无论中外，无论什么产业，无论有无强大实力背景与资源支持，依托铁杆女粉丝的力量均能开创出让人瞩目的“小趋势”。

类似很多此类公司，都没有走传统营销之路，而是依托社交网络建构良性客户关系，形成稳定的铁杆粉丝群体，以此为基础逐渐提升其市场规模与影响力。

在传统市场环境下，没有大规模的广告投入几乎很难出现以上类似情况。而在网络社交时代，铁杆女粉丝让企业利用倒转“漏斗”的营销策略以很少的投入便迅速突破临界点，并且很快实现市场的“裂变”。

第二节　1000铁杆女粉丝模式的三大关键

上述案例都是新生态中繁衍的新物种，主导其营销模式的核心理念与过去常见的大异其趣。

在传统的AIDMA营销模式（Attention注意、Interest兴趣、Desire欲望、Memory记忆、Action行动）中，购买是营销的终点。所有营销行为的目的就在于促进消费者购买，这整个过程都可以由传统营销模式左右，其中广告、促销是核心手段。当话语权逐渐为消费者所掌握时，这种模式的效力不断衰减。

而基于网络时代市场特征而重构的AISAS（Attention注意、Interest兴趣、Search搜索、Action行动、Share分享）模式，则将消费者在注意商品并产生兴趣之后的信息搜集（Search），以及产生购买行动之后的信息分享（Share），作为两个重要环节来考量。分享对搜索结果发挥关键性影响，因此“分享”在社交网络中的权重越来越大。

在社交网络关系链中存续的各类精准、互动、推荐、评论和转发，无时无刻不伴随着社交化的网民行为。传统骚扰式的广告已经被最低程度淡化，被分享的营销信息将在需要他们的互动社交用户的信息纽带中轻松传播。

在这种新的趋势之中，1000铁杆女粉丝模式之所以能高效激发用户的力量，关键有三点：

(1) 与粉丝建立直接联系并与之持续互动——网络上只有资料、没有情绪的虚拟账号并非本模式所说的粉丝，唯有可以与之直接联系并互动的粉丝才是优质的粉丝。

一项针对“大型百货商店的Facebook页面”为期4年的研究发现，Facebook粉丝购买的商品比一般消费者多35%。那些浏览互动次数达10次以上的消费者每年多消费1000美元。

社会营销研究机构的报告显示，在社交媒体上品牌官方的粉丝价值平均值为174美元/人。

增加微博的点赞数或者微信的关注人数，和与用户建立真正的社交关系——这种关系基于友谊和信任——所带来的善意和良好声誉，并不具有相似之处。你可以用充足的折扣品和赠品买来众多的微博粉丝，但是你绝买不来粉丝关系与口碑。

与粉丝进行交流的目的不是立即与对方发生交易——事实上，这种急功近利的方法根本行不通。你的目标是与对方建立互信、互利的关系，即使他在很长一段时间内都不会购买你的产品和服务。像百度、腾讯、Google等公司推出的众多免费应用软件和服务，其目的就在于与用户维系交情、强化连接，而不在于当下的销售。

发展与维护顾客关系比向其进行营销显得更为重要。过去企业将产品告知并销售给用户即可，如今则更多地考虑：在用户使用产品之后，如何与之建立“闺蜜”一般的关系。女性希望品牌能像朋友一样出现在自己的生活中；利用自媒体与用户建立连接，将消费者变成读者、即时对话的朋友、助力品牌发展的粉丝，已经成为企业运营的重要手段。

在美国很受年轻人欢迎的时尚女装品牌托里·伯奇（Tory Burch）创始人托里·伯奇曾在福布斯女性峰会上畅谈其攀登至时尚界顶峰的炫目经历，并就创业给出了一些建议，其中便包括“建立”。托里·伯奇相信和其他女性建立联系、与她们合作并支持她们会为你的成功打下基础。对于在社交网络与女性进行交流，她谈道：“我们在Twitter和客户交流，但是我认为这是错误的，因为看起来这更像推销。我认为应该在Twitter表达自己真诚和有趣的想法。消费者是非常机智和通情达理的，他们需要的是真诚，他们对促销信息没有兴趣。”

（2）粉丝质量重于数量，忠诚度乃重中之重。企业需在一对多传播的基础上，与消费者发展一对一的关系。

传统营销模式中，交易是一个直接的过程。企业告诉顾客，自己的产品有哪些功能，顾客掏钱买下产品，这个过程直接、赤裸裸，缺乏情感因素。而在互联网时代，企业和用户的连接方式突然暴增，企业不仅仅告诉用户自己的产品和服务能干什么，也会通过各种各样的方式和用户建立信任，而不是一开始就单刀直入地“交易”。

致力于超越单纯的产品买卖、建立更深度的关系，显得比以往任何时候都更为重要。

科颜氏有很完善的会员体系，每个在柜台购买的客人都会被要求留下资料并导入CRM后台管理系统，每个月都会和会员保持定期的沟通。科颜氏的会员管理系统会根据客人的购买行为把客人分成很多不同的类别，并以此给会员最精准的包括产品和特别活动的信息。

淘宝上的“绽放”服饰店有一个姓赵的女粉丝开了一家甜品店。在中国的情人节“七夕节”，绽放就把赵小姐店里的甜品放到自己的淘宝店销售、推广，给赵小姐这位铁杆粉丝以十分特别的待遇。又如，有一个卖燕窝的电商，跟杭州一家驱蚊水品牌合作，有宝宝的粉丝买完燕窝回复“我们家有宝宝”就可以用较低的价格买驱蚊水。在其自身业务不能涉及的范围给粉丝提供其他更多增值的服务。

这些做法能让品牌一次增加一个铁杆粉丝，甚至一次增加一批铁杆粉丝。

（3）促进粉丝分享，扩展用户连接。通过建立更丰富的外部连接，强化粉丝与你的关系，同时影响更多的目标客户，充分实现1个铁杆粉丝辐射100个普通用户的效应。

客户智能解决方案领域的全球领先企业Market Force曾经对超过1.2万名美国和英国消费者进行调查，81%的美国受访者表示，他们的朋友在社交媒体上发布的信息会直接影响他们的购买决定。值得一提的是，接受此项调查的受访者中75%是女性。

区别于过去带有强烈干扰嫌疑的大众营销，1000铁杆女粉丝模式根植于移动互联时代的网络社交土壤，更注重人与人之间的信任、连接、协同营销及信息的裂变、扩散，其核心理念是将人尤其是粉丝作为连接用户的桥梁，基于原有的粉丝信任去影响潜在目标用户，以粉丝为节点去构建渠道与传播通路。

粉丝已成为我们进入陌生人世界的必经之道，而铁杆粉丝

则是关键节点。

沃尔玛在社交领域内推出的最有趣的项目之一是它赞助的一个博客项目——沃尔玛妈妈。20 多名女性博主应征到这个项目里，她们的博客“全美天后”“时髦购物少女”或“家装绿化”仍旧由博主们独立运作，但是时不时地会出现沃尔玛的产品或特价活动的消息。

全球领先的健康减重咨询机构慧俪轻体（WeightWatchers）超过 90% 的会员是女性。该公司业务模式的核心便是组织会员聚会，让老会员影响新会员；全球范围内，每周有接近 150 万女性参加慧俪轻体的聚会。97% 的会员表示，她们会把慧俪轻体推荐给她们的朋友，而 60% ~70% 的新会员是当前的会员推荐过来的。

女性消费与社交

对一个男士说：“你的 T 恤看起来真酷。”往往回答一声“谢谢”，关于着装的交流便到此为止。

如果一个女士夸奖另一位女士的打扮：“你的围巾很好看。”这意味着一场深度交流即将开场。

男人去洗手间只有一个原因（对，也是唯一的原因），女人却能把洗手间变成私密闲聊和护肤美容的绝佳场所。走入同一洗手间的两个陌生女人，出来时可能已成好友。

交流、分享所使用的商品，这类在男人看来的琐碎小事情对女人很重要，因为对于她们来说这就是实实在在的社交，而对于男性来说这只是社交的“花边”而已——女人在微信朋友圈分享自己用过的产品与消费经验司空见惯，而一个男人在朋友圈经常做这类事情则很有可能被归入“不正常”行列。

尤其像美容化妆、珠宝服饰这样的领域，女性会彼此谈论他们正在用哪些产品，算得上是世界上社交性最强的行业之一。

这是男人难以理解的一件事情：挑选产品的过程，对于女人而言就是生活方式与场景的设计与想象过程，其中有着对社交的种种构想。女人选择一件裙子时，往往会想到穿着这件衣服时能否成为社交晚宴上的焦点，如果是去见丈夫的前女友时其考量则会更为复杂；而男人却会将日复一日穿着同样一款衣服视为可以效仿的榜样，“苹果之父”乔布斯一年到头穿着同样的套头衫、牛仔裤就被IT界的男人所推崇——毕竟，对于这个男人而言，消费没有那么多社交的衡量。

灰姑娘的水晶鞋落在宴会上，因而被王子找到，对于女性来说有着重要的隐喻意义——所使用的产品与社交场合息息相关。

美国宾夕法尼亚大学的科学家曾经做过一项研究，他们征集了949名从8岁到22岁不等的志愿者，其中男性428名、女性521人。科学家将志愿者的大脑划分为近100个区域，扫描并记录他们的脑部活动，绘制出了一张大脑“连接图”。

科学家们发现，男性的大脑神经元活动明显多集中左右两个半球内，从“概念”到“行动”的直接联系非常多；而女性大脑的神经元活动基本都发生在左右两个半球之间，这就意味着女性在社交方面比男人更胜一筹。

从社会分工的角度看，历史上女人主要干“轻活”，她们的工作特点是可以定点、群聚，当很多人围在一起、做一些轻松的事情的时候，聊天就几乎成为必然。也许，女性爱交流、分享的特点，就是因为进化的选择。

但是，传统社会制约多多，女人要尽情施展其沟通天赋并不容易。网络社交则提供了极大的便利，让女人足不出户就能继续释放其社交互动的天性。

如今，女性社交迁移到了网络互动的新大陆。

尤其像美容、服饰这样的时尚行业，女性会彼此谈论她们正在用哪些产品，是世界上社交性最强的行业。在这些领域，社交网络上的互动对于企业经营将发挥着持续而深入的影响。

第三节 女性消费变革的两大趋势

移动互联网为我们创造新的可能，让我们与女性用户之间能发展更为深入的关系，由普通的交易发展为可持续的情感连接，更为便利地将普通的顾客转化为铁杆粉丝。

这种新的可能基于女性消费的两大新趋势。

1. 从个体消费到群体消费

经常在网络社区看到有女性说“我知道淘宝里面的美妆店家啊，超有名的”“我又在网上买了一条裙子了”“你要不要团购什么东西，我先帮你买”。男性之间就少有这样的互动——他们主要是在论坛里互批，还有看到美女图片就打一些类似流口水的表情符号。

“调研”“比较”“购买”“使用”“分享”是女性消费的5个环节。网络社交则让“分享”的比重越来越大。那些可以帮助女性用户信息共享的网站与社区，如美丽说、蘑菇街等以令人惊讶的速度取得巨大的发展，原因就在于此。

交互性很强的社交网络创造了一个全新的思维模式，在这个新的空间里，人们已经从各自独立的卧室、房间走出来，聚到一起，相互影响，相互引导。搜索和分享让互不相识的客户联合起来，形成强大的舆论和传播力量。

女人交流购物经验的习惯在网络空间被放大，过去十分个人化的消费过程已经成为群体性行为。传统线下实体店，女人走进去之后更多的是依赖个人判断、销售人员的推介或者店内广告去决策，如今亚马逊、淘宝、美丽说等公司将3R——评论（Review）、评分（Rate）、评级（Rank）的权力都交到用户手里，形成了一种集体决策的机制。

从2009年开始，BAV咨询公司品牌资产评估模型的研究数据表明，客户之间的互相推荐是提高品牌信任度的关键驱动隐私。在建立品牌信任度方面，传统的来自于品牌自身的主动营销推广活动往往收效甚微，反而是社交媒体网络中朋友们的互相推荐效果更佳。在网络中传播品牌信息时，如果在品牌信息后面加上社交网站的标记，就意味着你的品牌愿意接受大家的评价，这无疑会传递出品牌透明度及鼓励社会监督的信息，这样一来，Facebook或者微博上的标记就成了象征信任度的徽章。

因此，你关注的重心应该是与用户建立起一种推荐关系，让粉丝成为你连接其他用户的渠道。

雅虎前副总裁、互联网思想家赛斯·高汀在其专著《部落》中指出，消费者更愿意和其他消费者而不是和企业相关联。如果企业想接受这种新趋势，就必须帮助消费者实现这种需求，让他们更便利地形成圈子相互沟通。高汀认为，要想实现成功营销，企业必须取得消费者圈子的支持。

例如，露露柠檬通过为社区女性打造运动平台，促进粉丝之间的交流，因而成为一个拥有众多铁杆女粉丝的品牌。波姬·小丝、凯特·温丝莱特等知名影星都是其粉丝，一些“铁杆粉丝”还开设了露露柠檬的博客及Facebook群，这些铁杆粉丝在社交平台上现身说法的影响力无可限量。

2. 从物质需求到情感体验需求

传统品牌与用户之间的沟通，强调的是商品化的一面。而与粉丝的沟通，则类似于朋友之间的交流，需淡化功能利益诉求，强化品牌“情商”，走社交化的情感路线。

“珠宝是物质的，施华洛世奇是精神的”，这句话很好地传达了有关女性消费需求的真谛。

如今，仅有好的产品还不足以与用户建立深度关系，还需要建立情感连接——商品高度丰富的买方市场，具有物质利益吸引力的商品太多，用户获得信息与产品的渠道越来越多；所有面向女性消费者的行业，都必须理解和明确如何给消费者提供某种情感联系体验。

著名的人本心理学家亚伯拉罕·马斯洛的“需求层次理论”认为，某一层次的需求相对满足了，就会向更高层次发展，追求更高层次的需求就成为行为的驱动力。因此，在基本生理需求得到满足后，安全需求便成为新动力，随后是爱与归属的需求、尊重需求，最后是自我实现。

因此，企业的营销必须由“物质”走向“精神”，激发情感，让人感觉可信、自然、有吸引力。

在打造出优质产品的基础上，企业应更多地思考如何跟用户建立情感连接——对于女性而言更是如此。

经营者的重要使命就是提升产品的情感价值，也就是在消费者的心智里创造隐形的溢价：你的产品并没有改变任何物质特性，但比从前更有品质、品位。你要在消费者心智中设计一个让她有感觉的元素。你向一个穿着露露柠檬服装的女人做介绍，穿着这个品牌会产生什么样的结果？一方面肯定会有贴身、舒适的感觉，同时，在她的大脑里正在放映一部“精神上的电影”，它丰富了感受的过程：这部“电影”是关于体面、时尚的生活方式。“头脑里的电影”在心智中激发了一种特殊的情感，这是一种隐性的价值，就像是产品的布料一样和它紧密地联系在一起。相反，如果消费者穿着一件普通而无名的运动服饰，着装的感觉同样也不错，但心智屏幕却是一片空白，因此，用户完全有理由说：“露露柠檬穿着更舒适。”

在网络社交时代，情感化需求被进一步放大；消费者在考虑是否购买时，除了判断自身需求外，还可以获知他人的体验和感受，并能通过终端及网络社交平台参与品牌互动，体验产品和服务。评估是否购买时，“喜欢”“有趣”“有品位”成为价格、功能之外的考虑因素。

商品是否能彰显独立个性、形成话题分享，对消费者最终购买决策产生了越来越大的影响力。

因此，与女性的情感化沟通不是传播阶段才应该注意，而是在产品开发时就应该已经开始。

铁盒包装清新淡雅，单支上绘制的是穿着旗袍、梳着复古发髻、画着柳叶弯眉的古典美女——经典国货化妆品百雀羚81周年时推出纪念款护手霜套装，不仅将设计师原创插画作品搬上了包装，还定制了铁质礼盒。“有老上海的味道”“老牌子有腔调”“超艺术，很怀旧”……由于包装复古，这款护手霜引发网友集体怀旧。有网友说，包装复古配上老牌子的品质，让她想起了“妈妈的味道”。

“怀旧风”带动网络销量不断攀升。据统计，这款限量版护手霜48小时售出36168盒，有的消费者甚至一次入手十多盒，“送给妈妈阿姨们做礼物”。

做怀旧的文章，打情感牌，让新一代的用户成为国货品牌百雀羚的粉丝。若只是从产品的功能利益上下功夫，其效果之悬殊将判若云泥。

第四节　社交关系方法论：让女性用户分享

分享是女人进行社交、获得社会认可的重要手段；最早出现在以女性为主体的社交网站 Pinterest 上的品牌 Choban 深知社交网络的本质就在于分享。

Chobani 是较早拥抱社交网站的公司，最初的出发点，仅仅只是因为这家初创的公司没有那么多资金在传统媒体上做广告。Choban 最早出现在 Pinterest，因为这里的女性居多，她们更关注自己的身材和健康。

分享是 Chobani 在社交网站上的核心。用 Chobani 的网络主管尼尔·斯坦福特的话来说，社交网站就是要分享，不分享，何来的社交？

试喝是 Chobani 实现分享的手段之一。Chobani 认为自己有很好的产品，消费者只是缺少尝试的机会。所以它在 Facebook 和官网上都设置了两个“试喝”的按钮，用户在试喝之后，可以在社交网站上分享他们第一次品尝 Chobani 酸奶的体验及图片。

在 Twitter 上，如果有消费者提到自己没有尝试过 Chobani，被@到之后，Chobani 会联系该 Twitter 用户，询问他喜欢的口味，并送去酸奶请他试喝。

设置话题引导用户参与分享，也是重要手段之一。在 Facebook、Twitter、Instagram 上，分享一个新研制出来的菜单，引导用户尝试烹饪，上传自己的成果；或者发起一个微话题，分享自己第一次品尝 Chobani 的时刻。

在 Instagram 和 Twitter 上，Chobani 每周会举行分享大赛，看谁分享的照片最受欢迎，以奖励那些忠实消费者。

Chobani 有一个5人组成的数字营销团队。他们在社交媒体内容方面提炼出来的经验为：内容简短易于分享，增加图片，发起对话。

Chobani 的营销团队分析得出两条社交网站营销心得：一是人渴望与人交流，而不是与公司交流；二是人们喜欢分享与他们相关的内容信息。

2005 年，当土耳其人 HamdUlukaya 在美国创建希腊酸奶品牌 Chobani 的时候，希腊酸奶仅占美国酸奶市场的1%。5年后，Choban 酸奶占到了美国酸奶市场的36%，年营业额超过10亿美元，甚至还将触角伸到了加拿大、澳大利亚。2012 年 Chobani 被《快公司》评为全球最具创新的50家公司之一，其成长速度比肩 Google 和 Facebook。

Facebook 创始人马克·扎克伯格曾经对于社交关系有一个非常精辟的定义："下一个时代，将被今天的社交网络和赋予用户在联系上的深度所定义，我们的工作就是找到最好的方法让用户分享自己。"马克·扎克伯格的观点反映了社交关系的真正核心所在——社交网络的兴起，恰恰反映了人的内在的、本质的需求，那就是充分地分享自己。当然，其中最重要的事情就是让用户分享自己作为粉丝的感受与体验。

毋庸置疑，女性粉丝在这方面成为最佳的选择。

Social Media Today 的一项研究指出，不同性别的用户在使用 Facebook 时有不同的习惯。女性在 Facebook 上的好友普遍比男性多出 8%，这就表明，女性比男性更擅长处理人际关系，也更愿意与朋友在社交媒体上联系交流。同时，女性比男性更加频繁地转发别人的信息，总转发人数中女性用户占比高达62%。另外，男性更关注有关时事和政治的信息，并且更愿意和小圈子的朋友联系。

女性通常喜欢分享有关最新的购物战果及在餐厅、美容院、商店的消费经历，男性更喜欢分享与商品购买相关的内容，当这些商品和他本身的职业或者职业目标有关时，男性则更可能在社交媒体上和朋友交流分享。

男性和女性在 Facebook 中的互动模式也有很大区别。如果男性赞同某一条消息或者喜欢某个品牌网页，只会简单地表示“喜欢”，而不另作评论，女性则会在表示“喜欢”之后，留下自己的评论。

在这项研究发布时，以男性为消费主体的吉列的 Facebook 主页中，有 1，956，134 个人表示“喜欢”，而只有 7，364 人正在讨论这个主页。但是在目标市场主要为女性的玉兰油的 Facebook 页面，有 4，959，555 人表示“喜欢”，正在讨论这个主页的人也多达 124，739 人。女性在评论中总会显示个人明显的偏好，而男人的评论就显得较为中立。

女性和男性不仅仅在使用 Facebook 的习惯上有所不同，对于朋友发布的消息或者评论，男性和女性也受到不同程度的影响。女性更容易受到朋友发布的有关分享商品、购物感受或者其他有关体验类信息的影响。例如，如果女性用户的几个朋友分享了关于购买 iPhone 的经历，那么女性用户在选择手机时就会更倾向于选择 iPhone。在这个问题上，男性则会主动地询问社交网络中朋友们的推荐。所以说，服饰、化妆品、家居用品等这些女性消费者更容易关注的商品在 Facebook 中进行营销推广时，往往会转发其他消费者的使用分享，使之对女性消费者更有说服力和吸引力。

“女人”（woman）这个单词的前三个字母 W、O、M——它可以拼写成“口碑”（word-of-mouth）。

企业要善于激发女性分享的能量以创造口碑，只有在消费者之间形成了口碑效应，才能在社交层面奠定品牌的最终影响力，才会最终形成坚不可摧的信任，且能形成自发传播机制，为企业最大程度节约费用。

信息对男人而言是能量，对女人来说是社交货币。为女人制造口碑信息，也就是为她们提供社交货币。你应该大胆采取行动。

第五节　MEST，成就铁杆女粉丝的钻石法则

世间有很多好产品，其经营者却总在纳闷为什么女人不会垂青它们。

让我们换一个角度来思考——女人嫁给你往往因为你是个好男人，但是离开你往往是因为“无趣”“个性不合”“缺乏思想共鸣”，虽然她们在离开你多年之后仍然会说你是个好男人。

世间的好男人都应该好好想想这个问题；那些坚信“花香蝶自来”的产品原教旨主义者也应该好好想想这个问题。

执迷于产品不可自拔的人，未能真正理解一件商品对于女性的意义：**移动互联时代，女性越来越注重商品的社交属性与精神利益。被移动互联激发的社交潜能与需求层次的提升，二者叠加，使得今天的女性更注重产品的社会连接属性。她们不仅希望通过消费与外界建立更广泛的连接，更希望自己的兴趣爱好、个性与身份的表达、精神需求等得到充分的满足。**

在产品过剩的买方市场，除了基本的物质利益，女性对于商品在社会交往方面的功能——能否彰显其兴趣、爱好，能否让她看起来更潮、更酷，能否让她看起来更有爱心、关心社会，因而可以让她跟与其有着同样喜好的人联系起来——越来越关注。

如何让潜在的目标人群成为顾客，进而持久追随，成为品

牌热心的传播者，其中有着不同于以往的游戏规则。

剥离掉外在复杂的表象后，我们会发现，不论你为顾客提供什么样的产品与服务，不管你通过什么样的渠道与她们接触，也不论你实力强弱及所从事事业规模的大小，要让普通的消费者成为你的铁杆粉丝，都遵循同样的沟通机制——这是一个与用户建立强关系的策略体系，也是1000铁杆女粉丝这一模式的核心——它所包含的四大要素英文名称首字母组合在一起，简称为MEST法则：

磁力点（Magnetic point）：你是否具备必要的“引力要素”，是用户转化为铁杆粉丝的前提。

情感结（Emotional knot）：赋予情感价值，与女性用户建立强有力的情感纽带，这是获得高忠诚度并成为不可替代选择的不二法门。

甜蜜区（Sweet area）：从消费者的生活形态出发，创建可供其持续参与品牌发展的活动、平台，制造甜蜜的共同回忆，将让你持续影响用户心智。

信任圈（Trust circle）：女性对你的信任受其社交关系影响，你需要在其身边构建“信任圈”，以更丰富的连接强化、巩固她对你的认同。

1. 磁力点（Magnetic point）

铁杆粉丝不是你努力寻找到的，也不是通过开展大促销、大派送碰运气“逮”到的，也不是操纵互联网工具获得的。

铁杆粉丝是你吸引到的——粉丝迷恋于你的品牌，必然因其具备与之高度契合的引力要素。

因此，你需要的不是在市场上靠花钱来玩“投入产出比”的游戏，而是要有意识地塑造“磁力点”，也就是引力要素，让粉丝能自动感应到你的存在——你无法让蝴蝶飞到没有香气的花枝上来；即使你把这朵花枝递过去，蝴蝶也会飞走。

消费者在面对比以往更多的商品选择时，会去寻找自己认同的品牌，这种认同来自于心理认知。

你需要从消费者身上找到与你的产品或服务高度契合的特质，将其放大，这将是让粉丝自动感应的“磁力点”。

这种特质可能是消费者所属的社群，也可能是她们所喜爱的某种独特的品质，也可能是某种社会观念。

你所打造的“磁力点”的引力强度，取决于你的洞察力及执行力。

2. 情感结（Emotional knot）

从生理角度来看，连接左脑（理性思维）和右脑（感性思维）的脑梁线（信息的传输带），男性比女性要细 20% 左右，虽然感知能力差距不大，但是，由于男性的思维传输带比较狭窄，就好比上网，男性在使用拨号上网，而女性则使用顺畅无比的宽带上网。女性情感丰富，敏感多愁，也是由于脑梁线宽大、各种情感意识的“数据流量大”。

对于女性而言，“感人心者，莫先乎情”，忠诚度很大程度上基于她投射在品牌上的情感。这一情感会随着更多的刺激逐渐加深，让人感觉可信、自然、有吸引力；一个普通用户最终会因此升华为铁杆粉丝。

你需要为你提供的产品、服务赋予情感溢价，让其成为某种情感的结点，也就是连接消费者心智的强力纽带。

成为“情感结”，意味着你的品牌能为她传递情感、传达意识形态，或者能展现其身份与自我，或者意味着一种独特的体验，因而成为一种不可替代的存在。

3. 甜蜜区（Sweet area）

过去，人们购买产品、服务之后便离开，直到下一次购买，在此期间不再跟你发生联系；或者，永不再来。

顾客与你的关系往往局限于买卖层面。

网络社交时代，消费者与品牌之间的关系远远不只买卖那么简单。从顾客的角度来看，消费前、消费中和消费后是同等重要的。消费者与品牌的关系，就像人与人之间的关系，是通过一段事件的接触、一系列良好的体验而建立起来的。在这个过程中，单纯靠增加与客户联系的数量并不一定产生好的效果，更重要的是与客户建立有意义的连接。这就需要我们利用对消费者的洞察从而找到最关键的有效沟通连接点，从而达到品牌和消费者之间的互动交流，达到最高质量的连接性。

Wetpaint和Altimeter集团发起的一项调查表明：在社会化网络中消费者参与度最高的品牌，其销售收入可增长18%。

对于天生爱购物的女性而言，通过参与获得更强的情感体验逐渐成为重要的消费需求，更是提升认同感的关键。

因此，你需要基于用户的兴趣、爱好、思想理念或生活方式，开发“甜蜜区”，也就是可让用户参与、介入的品牌传播活动、互动平台——通过营销活动与消费者对话而吸引的粉丝价值，会远高于通过发放优惠券吸引来的粉丝的价值。因为甜蜜区计划满足的是更高层次的心理需求，创造的是深层次的体验，让粉丝与你拥有了共同的记忆。

4. 信任圈（Trust circle）

过去，用广告、明星就可以把用户搞定；如今，话语权在消费者手里，要跟粉丝建立强关系，你就得在其周边建立社交“信任圈”，也就是将用户身边的影响者、联络人、推销员作为连接中介，通过他们与之建立“大连接”，利用群体的力量强化彼此之间的连接。

这种变化为我们开启了新的篇章。营销大宗师菲利普·科特勒与人合著的《营销革命3.0》中提到：“通过对过往60年营销业发展变化的观察，我们发现过去的营销概念基本上都是垂直化的。现在，企业要想重新获得消费者的信任，就必须采用我们建议的‘新型消费者信任体系’，即水平化的信任体系。如今的消费者喜欢聚集在由自己人组成的圈子或社区内，共同创造属于自己的产品和消费体验，只有那些令人心动和钦佩的产品特征才会吸引他们走出自己的圈子……一旦他们发现具备这些特征的产品或服务，马上就会成为其重视的支持者和传播者。”

磁力点、情感结、甜蜜区、信任圈，这四大要素像一颗四角钻石的四个顶点一样相互支撑、拱卫，构成1000铁杆女粉丝这一模式的策略体系。

《大连接》一书中提到："人类最初为什么要组成社会网络呢？通过大量的最新研究，我们找到了一个让人意想不到的答案：我们之所以希望形成连接关系，最根本的原因是我们的基因在起作用。"研究指出，社会链是我们快乐的源泉。人们之间的关系越深，他们会越快乐。

高明的营销人士都希望与用户形成稳定而有力地连接关系。本书所提出的MEST法则，则是引导你在移动互联时代与粉丝建立深层次关系的行动指南。

第三章
磁力点

高匹配，高感度

纯粹物质性的商品很难引发消费者心理上的共鸣。对于女性而言，消费购物与社交密不可分。你必须超越产品物理特征与功能，从消费者身上找到彼此高度匹配的属性，才能触动其更为深层的需求。产品只是构建顾客关系的载体，心智层面的契合才能将普通的交易关系转化为心理层面的持续认同。

第一节　从“消费者思维”出发找到磁力点

很多人想当然地认为：产品品质过硬，性价比超高，很好地满足了市场需求，顾客必然就会纷至沓来，一次购买之后就会成为长期的铁杆粉丝。

其中尤为典型者，是那些心里始终坚持产品至上甚至唯产品论者——他们认为，有了极致的产品，女人就会乖乖地变身为铁杆粉丝。更不乏乐观者，寄希望于推出一款迎合消费者未被满足的需求的颠覆性产品，将粉丝一网打尽。“我们只要织好网，撒到水里去，自然会捞到鱼”，这是他们心里的潜台词。

现实中的产品原教旨主义者比比皆是，提到好产品时甚至会带点神学色彩。

这是一种毕其功于一役的偷懒思想，觉得做好产品就行，却不愿意在用户身上多费点心思。实际上，打造铁杆粉丝是一项需要你持之以恒的事业，需要你持续用心投入，从产品到互动你都需要多费点心思。好产品是基础，重心在运营。

弹钢琴，也得先找到合适的听众，否则就是“对牛弹琴”。撒网式捕捞，如到处打广告、大力度促销、赠送优惠券，这些碰运气、博概率的做法，收效越来越差，你费尽心思引来的很少真粉丝——偶尔来一次，一去不复返，更不能给你带来更多粉丝。

好产品是基础，无需多言——没有人会觉得一个制造了糟糕产品的企业值得长期追随。你犯不着成天跟人唠叨你的产品有多好，应该更多地去倾听女性的心声、洞察其需求，寻求你们之间的“共性”，并由此出发建立彼此之间强有力的纽带。

好产品，对的人才会成为真粉丝。

钓鱼爱好者深知，不同的鱼喜欢不同的饵，为了钓到想要的鱼，都会选择特定配方的饵料，因而命中率极高，往往能得偿所愿——上来的大都是“对的鱼”。

关于粉丝，这正是被人所长期忽视的一个基本法则：粉丝可以被定义，你需要主动聚焦、设定目标粉丝群，而不是把希望寄托在一张由漏洞缀织而成的“渔网”上。

第二节　社群：1000 铁杆女粉丝，1 个部落

女人买衣服，向来是求新求变，要抓住她们的芳心不容易，要建立持续的忠诚更是难上加难。

这是大家通常都会陷入的习惯性思维：让我们以最大的诚意做出最好的产品，以最实惠的价格卖给她们，她们自然会成为我们的粉丝。但是，在产品品质上，没有最好、只有更好；在价格上，没有最低、只有更低。好产品，实惠的价格，谁都能想到的手段，并不能俘获真粉丝。

在经营上会更成熟一些的，一般会根据消费能力，或者职业，或者基于流行趋势走欧美或日韩风格，来定位自己的目标市场。

在这个产品过剩、纷繁复杂的市场，绽放服饰店刚刚上线时影响力微弱，是典型的夫妻店起家且非专业出身，前 7 年居然在没有开通阿里旺旺客服的情况下，获得 84.4 万粉丝，复购率高达 65%。

以社群为磁力点，定向吸引潜在粉丝，是“绽放”服饰运营的关键。

绽放创始人团队热爱旅游，在这方面都有很好的经验积累与传播积淀，一开始即脱离惯性思维，放大自身的这一兴趣属性，聚焦热爱旅游的人群。

绽放初创之时，国内的服装没有特别适合旅行的，没有那

种风格很随意、拍照也很好看的衣服。绽放基于社群需求对服装进行了修改，设计出长胖风格的衣服。其诉求非常明确：旅行路上穿上绽放的衣服你会感觉非常舒服，同时拍照非常漂亮。

绽放的整体店铺风格及内容建设也完全围绕“旅行”展开。为了强化这种社群属性，绽放把品牌拍摄变成全球旅行拍摄，邀请粉丝参加。旅行过程与粉丝进行深度交流，旅行后粉丝进行线上分享。

在这个部落平台上最核心的元素不是绽放的产品，而是旅游——这是所有粉丝的共同话题，产品只不过是把大家聚集在一起的一个媒介。

“磁力点”的吸引力一旦释放出来，自然会被相应的社群感受到。而不具备这种属性，或者说没有突显这一属性的服装品牌，对于喜欢旅游的人来说，自然无感。

同气相求，同质匹配，更容易产生共鸣。由于绽放深知旅行社群的需求，并熟悉社群语言，因而很快获得用户认可，粉丝迅速聚集。绽放将品牌的消费部落打造成粉丝们温暖的精神家园。

起源于加拿大的专业休闲运动服饰品牌露露柠檬，以瑜伽社群属性为磁力点，对目标粉丝产生吸引力。露露柠檬在各个城市举办瑜伽培训班，对粉丝进行培训。露露柠檬根据瑜伽馆里练瑜伽的人的反馈意见对服饰加以改进，在设计上尽量将各种身体形态考虑进去。在露露柠檬之前，零售商把男士健身服装的尺寸变小，再配上女性的色彩，就做成了女性健身服。

移动互联时代，人以群分。铁杆粉丝，在精神上归属于同一个部落，与用户建立深入联系并建立持久的心理认同，便是将其转化为部落成员的过程。消费者的诉求，不能再因为是男、是女就被粗暴划分；也不应该因为在南、在北而被简单归类。每一个人都应该并且可以找到“与己契合”的一群人，找到属于自己的圈子。

除了旅游、瑜伽这种垂直细分的兴趣领域，社群往往依托特定的亚文化族群形成，表现为鲜明的群体特征与生活方式。例如，彩妆品牌 Milk Makeup 在线上聚集了众多忠实粉丝。他们大多年轻、有创意、有野心，忙着改变世界，有一些“朋克精神”。这正是品牌聚焦的社群，将他们称为“Milk Girl”。从一开始，创始团队就知道要吸引这些人就要玩有趣的概念，因此更喜欢用彩妆这个词而不是化妆品。他们认为“化妆品”这个词看起来太严肃了，“当我们开始用‘彩妆’‘绘画’‘有趣’这些词的时候，这个品牌线的‘气质’就很清楚了——彩妆应该强调你是谁，而不是把自己掩盖起来。”

要与用户建立深度连接关系，再大众化的产品都应该通过社群细分，切入最容易产生心理共鸣与情感认同的人群，展开精准沟通，并将产品作更具针对性的调整，使之更契合社群属性，磁力效应才会更强。中国台湾地区香薰品牌“肯园”，以“剧场”形式打造 SPA 空间，融入很多艺术元素，将美容服务与击鼓、锣或颂钵结合，以美学体验吸引喜欢艺术的社群。疗程专属音乐“鹿女－永恒的追寻”以专辑形式上市，其制作人入围第十九届台湾金曲奖最佳专辑制作人奖，疗程舞蹈电影《Immortelle》（应莫帖）入围第四十二届鹿特丹国际电影节短片比赛单元。

20世纪原创媒介理论家马歇尔·麦克卢汉认为，电子媒介让人类社会“重新部落化”，社群便是“重新部落化”之后个体的集合。**找到1000个铁杆女粉丝，便是创建一个具有高度共识的部落。**

社交媒体让人更加容易获得连接，也更加容易找到自己的个性化社群，其扩散性也特别强，尤其是垂直细分的女性社群，如宝妈社群、瑜伽社群、美容经验分享社群的生命力特别旺盛。这一趋势未来将进一步强化——Facebook创始人马克·扎克伯格的愿景与此相关：“帮助人们建设社群，将世界联系得更紧密。”

尽管人们很容易把社群看作一个大用户群体，但是营销人应该挑战自我，更加深入地挖掘社群内部的小群体。宝洁公司的做法很值得参考——这家企业对社群的想法，可以用一句话来概括：“我们不创造社群，我们为已有社群增值。”一些不同兴趣的社群本来就存在，宝洁需要做的是为这些社群增值，例如：宝法中国是一个社群网站，让少女分享她们在长大时遇到的问题。网上有专家为她们提供意见，也有很多相关的信息供她们参考。如果用户有购买产品的需求，则将她们引导到相关的网站，将需求转化成销售。除了销售以外，宝洁在经营这个网站的同时也得到不少“好　处”：第一，他们能从用户的对话和分享中得到不少有用的消费者洞察；第二，对于他们的另一个计划“连接+发展”而言，社群交流也给了宝洁很多有用的点子。

基于同样的道理，一些企业重金购买蝙蝠侠、Hellokitty 等为人熟知的标志的授权，将这些标志贴到自己的产品上面——这些著名的形象都意味着具有同样爱好的社群，作为磁力点，会吸引大量的粉丝。

基于兴趣、信仰的社群匹配更为精准

过去，人口统计学和尼尔森公司使得我们只得到了最低的共同标准，起作用的是广告。而在人人互联的时代，通过兴趣、爱好、信仰社群更容易精准地匹配到粉丝。

2009 年，得克萨斯大学一位叫作穆拉特·坎特克尔格鲁的计算机科学大学教师，用他的 Facebook 账户下载了 16.7 万个 Facebook 图片上的信息，以及与他们相关的 300 万条友情链接。他这样做是为了与他的一位学生一起研究，看看他们是否能根据这些人所认识的人及其喜好来判别出他们的政治点。他俩从兴趣和爱好入手，从明确提到自己是否为民主党人或共和党人的人群出发，然后逆向推算，看看能在多大程度上使用他们的信息来预测出每个人的政治观点。

一切都通过计算机来进行，穆拉特·坎特克尔格鲁发现，如果某人是冒险电影《矛之终结》的粉丝，这个人便更倾向于投票给共和党人。如果他们是“国际特赦组织+粉丝”或是某个叫作“每次我看见一个可爱的共和党男孩，我内心的某些东西就死去了”的Facebook小组成员，那他们多半会勾选民主党。除了政治立场，这些信息图片还能测试出他们的动手能力。80%穆拉特·坎特克尔格鲁的预测都是对的，通过人们的兴趣、爱好和信仰是可以精确地预测他们的投票。

如今的人们开始对高度竞争的社会怀有疏离感，品牌社群能够建立的基础是粉丝对品牌的价值观有认同感。移动互联时代的社群发展趋势，越来越向着兴趣图谱靠拢，而不仅仅是出于对产品的热情。

第三节 愿景：精神图腾的感召力

电影《天龙特攻队》中有这样一场戏：

好莱坞硬汉影星连姆·尼森扮演的汉尼拔为营救同伴“脸谱”，劫了一辆车。当被打劫的司机得知汉尼拔跟他一样曾经都是美国游骑兵时，转怒为喜，愉快地跟着打劫他的人去营救同伙。

劫车者与被打劫者身上都有游骑兵的文身——这是他们特有的标志。这个标志是“精神图腾”，意味着他们有着相同的经历，拥有同样的使命、观念与信仰——共同的标志确认了二者的“共识”，于是原本相互敌对的人在瞬间成为生死搭档。

在原始部落中，图腾标志发挥着同样重要的作用。它是最早的社会组织标志和象征，具有团结群体、密切血缘关系、维系社会组织和互相区别的职能。

企业的愿景，犹如部落的图腾、游骑兵的文身，能产生同样的效应。对于企业经营而言，愿景犹如信号灯，其光芒能够穿越重重迷雾，将纷乱的信息化繁为简，传递出清晰的意义，将那些内心认可同样意义诉求的消费者吸引过来，并能激发其喜爱之情，这将影响人们理解与之相关的信息的方式。而且，喜爱之情一旦产生，便不容易消失。

任何品牌都需要有一个愿景：清晰描述品牌所具有的远大抱负及想让品牌在用户及相关人士眼中代表什么，能激励和鼓舞目标人群，具有强大的感染力。

愿景超越了企业以赢利为主要目标的理念，致力于改善社会环境并提高人们的生活品质，与建立在功能性利益之上的消费者关系相比，不受竞争的影响且更为牢固。

消费者会因欣赏企业的愿景而对它产生心理认同感，产生"追随"的意愿。多芬由于致力于让女性拥有真实的魅力而得到人们青睐；日本零售品牌无印良品因其简朴、现代、谦逊的愿景而吸引了大批忠实消费者。

你的愿景不一定能吸引所有的人，你只需记住你需要的是"对的人"——受愿景驱动的企业，深知取舍之道。

要想通过缔造品牌愿景，有效地强化磁场强度，高效地感应到目标粉丝，**你必须精心锤炼价值观、品牌个性与标志性的故事。**

1. 鲜明的价值主张

真正有价值的东西并不是你制造的产品，而是产品的附属品及一些内部信息。这些信息对于每个想要成为群体一分子的人来说都是必要的。

价值观是一套信仰系统，是有意义的识别，会为你带来高质量的粉丝。她们会高度重视你的产品。

安妮塔所主张的"有原则获利"的企业精神是美体小铺的核心品牌价值观。自创业以来，美体小铺坚持五个信念：反对动物实验、支持社区公平交易、唤醒自尊、捍卫人权和保护地球。正是这种价值观赋予了美体小铺独特的品牌个性和品牌魅力。

无印良品倡导自然、简约、质朴的生活价值观，成功吸引了推崇极简生活的消费者。

大声说出你的价值主张，找到你的知音，是一种简单有效的方式，前提是不能把你的价值观当作幌子，而应该不折不扣地付诸实施。

适用于大多数消费市场的核心价值观，必然能吸引到其目标人群，例如：

高尚：高道德标准，反对剥削，团结，积极参加社会公益活动，愿意为人类的利益牺牲自我。

自然：提倡高环保标准，相信自然的力量，希望人与自然和谐相处，喜欢照看动物，愿意为自然牺牲自我。

简约：追求简约化，极简主义，低调，反对奢侈浪费，追求持久性。

激情：渴望爱与被爱，希望引人注目，喜爱表现，拥有深刻复杂的情感，表现欲强，自我陶醉。

归属感：寻求归属感、温暖和友谊，希望被群体接受，团队精神，愿意和家人或朋友一起共度美好时光。

服务：寻求有效可行的建议，喜欢简单明确的信息，希望得到尊重和以诚相待，渴望得到温暖的人际关系。

新潮/酷：标新立异，打破常规，寻求变化和刺激，前卫，精英思想，追求与众不同。

自由自在：轻松，随和，乐观，向上，不喜欢约束，喜欢多样化的娱乐，无忧无虑。

Zappos，让顾客惊叹

美国电商公司 Zappos 一开始除了购买搜索关键词和给推广伙伴销售提成之外，几乎没有资金做广告，缘何能成为全球最大的网络鞋店？

其关键就在于深谙粉丝经营术。

Zappos 奉为圭臬的信条是：用服务来感动客户。该公司第一个品牌核心价值是“哇”哲学——通过员工的个性化、创造性得到顾客的惊叹，以超乎寻常的服务超越顾客的期望、获得顾客口碑。

比如 Zappos 的员工可以把顾客推荐给竞争对手，可以和客户交流几个小时。不管是传统行业，还是互联网电子商务行业，Zappos 的这些做法都是顾客关系管理和品牌口碑的最高境界，正如 Zappos 的 LOGO 底下那句话——服务为本（Powered by Service）。Zappos 不允许有任何顾客不高兴地放下电话，120% 的顾客满意度才是真正支撑 Zappos 的根基。所以 Zappos 的销售额有 75% 来自回头客，新顾客首次消费额平均是 112 美元，而回头客的平均消费额则为 143 美元，这几个数据说明，良好的口碑是重复购买的关键因素。

Zappos 建立了上百人的呼叫中心。呼叫中心员工的考核方式不是按照业内通用的处理电话数目来进行，也没有预设台词。Zappos 鼓励员工与顾客发展一种信任关系。比如，顾客订购的鞋子已售完，客服人员至少在 3 个其他售鞋网站上寻找相关信息并告知顾客。

网上退货所花费的快递费，成为客户不愿意在网上购买鞋子的头号杀手。考虑这一点，Zappos 围绕着自己的品牌，建立起了非凡的客户服务。他们承诺，如果觉得买的鞋不合适，提供 365 天的免费退货政策，与此同时，也提供免费送货的服务。“鞋合适就穿，不合适就换。”这一举措并非是 Zappos 首创，但是它做得最为彻底。

有一个客户的母亲左脚患病，医疗压力很大，于是这位客户买了 6 双鞋子给她母亲，希望 6 双鞋子中有一双很合脚。但收到订单后，客户的母亲致电 Zappos 解释她的健康状况并询问如何把不适合的鞋子退回。

两天后，一大束鲜花从 Zappos 送到了她家门口，并附上贺卡。再两天后，客户、客户的母亲，甚至她的妹妹，都免费获得 Zappos 给予的 VIP 会员的福利。

指导“Zappos 人”在业务中行动的十项原则：

①用服务来感动客户；②拥抱并且推动变化；③创造有趣且有点怪异的东西；④保持冒险的、创新的和开放的态度；⑤追求成长与学习；⑥以沟通的方式来建立开放的、诚实的关系；⑦建立一个积极的团队和家庭精神；⑧花更少的钱，办更多的事；⑨要热情和坚持；⑩待人处事要谦卑。

2. 品牌个性

人们碰到的每一个人都有清晰的个性。个性帮助人们了解他，也会提供一种联系，提示人们如何从情感上接受这些个性。

那些没有个性的人，在生活中有他们的作用，但我们没有途径去了解他们，结果就不认识他们。如果一个品牌在人们眼中没有个性，这个品牌就很难与人们建立一种关系。

一个可以信赖、依靠和保守的个性可能会很乏味，但却是一个财务顾问或者医生所必需的品格。当品牌个性与愿景成功地结合在一起的时候，就能形成一种品牌实质，这种实质能引起粉丝的注意，帮助确立粉丝与品牌之间的关系。

品牌个性即品牌的外在表现，与人的某些特点十分接近。个性的默契能压倒一切，甚至战胜理智。就品牌策略而言，品牌个性超越产品物理性能，使一个没有生命的物体或服务人性化，能够解除潜在用户的武装，吸引粉丝。

以下品牌所塑造的个性在潜在消费者购买之前就已经把其征服了——它们的品牌个性不仅能够强化人们的购买决策，还能促发用户与其建立情感联系：

法国配饰品牌瑷嘉莎狗（Agatha）：纯真且充满现代气息。

法式蛋糕 M'CAKE：浪漫、优雅。

玫瑰花店 Roseonly：高贵、时尚。

艺术生活品牌野兽派：富有想象力与艺术情调。

优衣库：低调、简约。

当品牌个性与消费者个性形象一致，能够保护或提升消费者个性形象时，消费者对品牌的认同感就比较高，并期待跟该品牌形成一种长期关系，最终成为忠诚顾客。

怎样才能有个性魅力？你能够先列出一些关键词，比如亲和、严肃、高端、有文化……根据你所出售的产品或服务，选取一个匹配的词，让它与产品融合。

对于女性而言，以下个性充满吸引力，能持续吸引其关注，能有效地促进持久的关系：

友好——热情、快乐、喜悦、多情。

有趣——出人意料，具有想象力，独特，幽默，有艺术气质。

上流——成熟、迷人、俊美、自信。

魅力——娇柔、光滑、性感、温柔。

诚信——道德、体贴、关怀。

脚踏实地——关爱家庭、质朴、勤劳。

3. 标志性故事

好莱坞著名编剧罗伯特·麦基认为，说服观众有两种截然不同的方法：第一种，罗列一堆事实和数据证明你的观点，让对方进行理性判断；第二种，同时也是他认为更有效的方法，围绕你的观点写一个动人故事，引发对方的情感呼应。女性的高感度特征决定了她们对那种理性逻辑的传播方式不感兴趣，而更容易受故事的感染。从讲述奇闻轶事到分享“生活故事”，女人通过讲述故事相互关联。

愿景的感染力不能靠讲道理。在社交网络空间，**故事才是最佳载体——你应该通过讲述标志性的故事向粉丝描绘愿景。**

标志性故事往往与创始缘起或者一些经营细节有关，能清晰地传递出企业的愿景及为之所做出的努力，能够与具有相同理念的人形成同频共振。

例如全食食品的标志性故事：

1. 缘起：1978年，时年25岁，在德州大学奥斯汀分销学习哲学和宗教的大学生约翰·麦基渴望有一个女友，心想也许会在大学素食主义合作社遇到一些有趣的女性，所以加入了该组织。他的选择是对的。他在那里遇到了心仪的女生，并约会、退学，从家人和朋友那里一共筹到45000美元，开了一家健康食品店。这就是全食故事的开始。

2. 经营细节："罗西是一只生活在有机农场的鸡，天天过着幸福的生活，直到被送进屠宰场，经过一道道工序变成了摆放在加州格兰戴尔全食超市冰床上的精美袋装鸡肉。罗西的一生是在加州葡萄美酒之乡的定制鸡舍中度过的。它的鸡舍通风、采光良好，陶质的地面上铺有干净的谷壳。它生前不是悠闲地啄食黄澄澄的玉米粒，就是在鸡舍外的院子中散步。和多数食品店出售的家禽不同，罗西从来没用过抗生素或生长激素。"在全食超市，几乎每一样食品都附有类似的小故事，这些小故事被设计成精美的宣传资料，用再生纸印制好摆放在禽肉制品的冰床旁边。

第四节　极端：对比度越强，忠诚度越高

让我们再回到前面提到的几乎没花一分广告费便创出 10 亿美元市场的内衣品牌 Spanx。

曾几何时，连裤袜货架上的产品通篇一律都是棕褐色。百无聊赖的女人们在其间徘徊，从一大堆中性色彩的包装中寻找或许可供裹腿之物。Spanx 品牌创始人布雷克里很早就发现了这一点。没有广告，她需要让产品在货架上能自己抓住顾客的眼球，与众不同的粉红包装与卡通形象使之脱颖而出。

布雷克里很讨厌一些内衣公司在推销时对女性说话的方式。“我在包装上写的内容就是我真正想对一个女性朋友说的话，”她说，“它不应该是‘这是最最最高雅的’，而是‘它会让你的臀部看起来更漂亮’。”

为了控制这种新型女性服饰——塑身内衣——的每一个细节，布雷克里从不吝于以半裸形象面对公众。

从产品包装到推广方式，Spanx 均与众多普通的内衣形成强烈对比。虽然这种做法很容易激怒一部分人，但这正是它拥有自己的粉丝的原因。

对于珠宝首饰，普通消费者不仅搞不明白各大品牌的名称，随便拿一款项链、戒指出来，很少有人能说清楚是哪一

家的。创立于丹麦首都哥本哈根的潘朵拉珠宝（Pandora），虽然不强调设计师元素，但是一眼就能辨别出来——用户能在某个明星社交媒体的图片上，一眼就看出佩戴的是潘多拉的手镯。

潘多拉的整体发展基于一个与众不同的专利概念：可自行选取吊坠和手链，任意组合的个性化手链——女性通过“设计”自己的珠宝，表达自己的个性。

跟 Spanx 一样，强烈的对比度也是潘多拉从众多竞争对手中脱颖而出的关键：稀有的独特性，能强化客户对于品牌的认同度，满足其对于个性的追求。

这是一个不容回避的事实：但凡有粉丝的，必然与同类有较强的对比度。粉丝群体忠诚度越高，其对比度就越强。

不唯商业世界如是，已有漫长历史的宗教更是如此。也许宗教对世俗生活的影响，已潜移默化植入商业领域。

铁杆粉丝的忠诚度，与宗教信徒一定程度上高度相似，中庸而模棱两可的表现无法激发这种认同。作为高感性群体，他们不会选择站在灰色的中间地带。你必须大胆放大与同类之间的差别。

人是一部高度精准的模式识别机器。模式识别是我们一切行动的核心，通过对表征信息进行分析和处理，从而对我们或他人的行为进行识别和分类，然后辨别哪些行为是值得保留并一再进行重复的，而哪些则应该被抛弃。对比度便来自于对现有模式的突破。

在一个被大量“复制粘贴”和山寨文化所充斥的世界

里，寻求独特性越来越难。因此，对比度成为一种弥足珍贵的元素，是激发粉丝认同的重要动力。将接受我们观点的用户可能存在的共同品质收集起来（如他们的生活环境、年龄段、关注的媒体类型等），找出对受众所生活的具体情景来说真正富有实际意义的对比度，有效地突破现有模式，进而获得其认可。

强烈的对比度能深度激发人们心中的某种情感，进而占据其心智中的某块领地。当对比度最为强烈，甚至“极端”时才会产生使人兴奋的理由，说明了持续购买的动机——将产品做到极致，让消费者在没有选择的情况下成为唯一之选。

鲜明的对比度不仅能赢得忠实的粉丝，而且也可能会树敌。在同一个类别里，“极端”虽然貌似会“冒犯”大多数人，但更能获得忠实的支持者。

因此，要获得鲜明的对比度，首先意味着大胆取舍，要有舍去99%市场的勇气。为了一棵树敢于放弃一片森林，以此获得“唯一性”的稀缺特征，这要求你能在市场选择方面能为了一小部分主动排他，如此才能让粉丝为了你在情感上排他。

美国USA电视台的节目在最后都会出现这样一句广告语：“个性人群的选择（Characters Welcome）”，旨在传达该电视台节目以个性鲜明的人物角色吸引人群观看的主旨。这是电视台围绕“角色塑造至上”的思想为自己的节目所确立的主题。而Bravo电视台（美国精彩电视台）则主要以真人秀节目为主（尽管是由毫无意义的烂片和具有教育价值的好节目掺合在一起的大杂烩）。放弃90%以上可以选择的题材，专注于某一范围狭窄的单一主题，换来的是强对比度，成就的是“极端”，有“木秀于林”之感；至于其他电视台，在电视节目的光谱上则处于中间的灰色地带，虽然满足的是大多数观众的需求，收视率却大多差强人意。

典型的如专卖玫瑰的花店 Roseonly，提出其卖的所有玫瑰此生都只能送给一个人，激发了人们对于爱情唯一性的向往。与此同时，这等于放弃了给父母、给朋友送花的市场。

成就“极端”的另外一种选择是利用二元对比进行逆向思考。在这方面，七喜的“非可乐”就有立竿见影的效果，为市场人士树立了可以仿效的标杆。

高端护肤品惯用包装彰显高端性，而科颜氏坚持简洁环保理念，使用非常简单的产品包装（很多就是塑料白盒印字），最大限度应用可回收材料，不做任何过度包装。科颜氏不仅全部产品使用塑料瓶，而且也没有使用精美的外包装。每个瓶身上都会写满英文，非常具体地介绍成分和功能。

在广告表现上，高端品牌都喜用外表迷人的女明星或超级模特，而科颜氏的骨头先生（一个穿着白大褂、戴着听诊器的人体骨骼标本）乍看之下给人惊悚之感。

典型的高端护肤品柜台大都是：美丽的女人面孔海报，珠光宝气的包装，穿制服的导购人员，开放式的收银台。而科颜氏柜台的元素是：骨头先生，哈雷摩托车，非常简单的产品包装，穿着白大褂的导购人员，像中药柜台一样的收银台（装着不同的试用装）。这种形象让科颜氏在中高端百货商场的同类中具有强烈的对比度，令人印象深刻，获得众多女性青睐。

在家居生活领域，跟随潮流是普遍的宗旨，但百武西却逆潮流而动，走怀旧路线，提出“向民国文艺致敬”的主张，将 20 世纪 30 年代文化融入产品中，产品线从服装、鞋包、家居到日用百货，都围绕着一个文艺生活的主题，因而深得城市文艺女性的青睐。

逆向思考之所以能够取得成功的秘诀，就是在于其既能找到与众不同的切入点，又能迎合目标消费者的个性需求和独特喜好。

就像“这不是电视，这是 HBO”这句口号一样，以强烈对比度为前提的“极端”，不着眼于大众，不会基于人群数量来考量，而是着眼于“独特性”。在当今高度同质化的市场，对比度越强烈，意味着目标范围更窄，但是吸引到真粉丝的比例更高，也更容易形成共鸣。

这就像榴梿，在气味上与其他水果对比度特别大，而有的人极度喜欢，有的人则极度讨厌，情感反差强烈，与粉丝建立关系完全是因为“气味相投”。反观苹果、橘子这类水果，虽然吃的人很多，但是很难让消费者自然而然便产生情感上的关联。

90% 以上的产品是缺乏对比度的一般商品，无法让人产生忠诚度，更无法产生持续的迷恋。

只有不到 10% 的“极端”被消费者当作非一般的魔力产品。但这绝不意味着，你一定得在产品开发上像苹果公司一样投入数以亿计的资金。无论你是刚创业的产品制造者，还是一家小店，都可以通过出色的营销，跳出同质化的平庸之海，成功获得女人的关注。

消费者追求个性化的趋势越来越强，尤其是女性、年轻人和高收入的消费群体。他们对新潮、时尚、科技等个性化的追求越来越强烈，喜欢与众不同的感觉，喜欢表现自我，其中“极端”是很容易被他们感应到的引力要素。

第五节 精准聚焦，少就是多

日本国民偶像组合 AKB48，算得上是将“粉丝文化”发挥到极致的代表，俨然已经成为日本的时代性标志。

2005 年 12 月 8 日，东京秋叶原一家折扣商场的 8 楼小剧场，只有 250 个座位，迎来了 72 位观众，这是 AKB48 的第一场公演。看似热闹的现场只有 7 个是买票入场，其余的观众全是工作人员和一些艺人的亲戚朋友。可以说，她们是在完全不花钱打广告宣传的状态下出道的。

这个小剧场是 AKB48 的专用剧场，也是她们出发的原点。

AKB48 一开始并未将希望寄托在规模庞大的电视观众身上，而是锁定那些愿意自己转乘多趟电车也要到秋叶原来观看公演的人，主要是那些年轻但收入不多的偶像御宅族。

仅有 250 个座位剧场，门票若以每个座位平均 2500 日元计算，每次公演的营收只有 60 万到 70 万日元而已。虽然这样的业绩规模很小，但它并非通过电视大众一口气来收回投资成本的经营模式，而是一种通过剧场来培育狂热粉丝的细水长流型策略。

偶像团体一旦依存于电视节目发展，就必须要保持 10% 的收视率，也就是说要有一千万人收看，才能继续生存。然而对 AKB48 而言，只要剧场继续经营下去，每次公演有两三百人来看就足以补足亏损。这是一种与传统偶像组合极为不同的商业模式。

由于牢牢抓住了“御宅族”这一核心粉丝群，AKB48 在这种类似于演唱歌手的经营方式下，就算不靠电视，仍能保证有稳定的收入，因此能够继续撑下去。

从首次演出只有 72 名观众，到成为现象级的偶像组合，从秋叶原走向世界，AKB48 的发展正应了那句古语：“合抱之木，生于毫末；九层之台，起于垒土。”

Less is more，少就是多，正是 1000 铁杆女粉丝模式的思想精髓。

正如本章开始即强调的，不要采取漫天撒网的方式去发展粉丝。塑造磁力点就是有效的聚焦法则，让你更精准地找到高质量的原点人群，通过聚合她们的能力形成磁极，吸引更多的粉丝。原点人群越精准，品牌核心的凝聚力更强，更容易对未来的潜在人群形成向心力。

奇普·康利是世界第二大精品酒店、美国加州最大的精品酒店幸福生活酒店集团（Joie de Vivre Hospitality）创始人兼 CEO。其在专著《巅峰——马斯洛赋予伟大公司的魔力》中提到的利用杂志去实施酒店定位的方式，可以作为我们更精准地聚焦原点人群的借鉴。

幸福生活酒店集团的创新旨在提出一种组织原则，从而帮助我们创办这样一种酒店——被《今日美国》杂志称为“美国最令人感到愉快的一批精神分裂症型酒店”。在创办我们的第一个酒店——凤凰酒店时，我决定以杂志作为检验酒店个性的试金石。杂志的发行与精品酒店有许多共同点，产品关注的都是小众市场。（对于你在一排排杂志上看到的某些古怪的刊物，你是否曾经想知道谁会看这些杂志呢?）作为这些产品的典型特征，它们都以生活方式为关注的目标。如果出版社或精品酒店的老板经营得好，他们会在订户或酒店的客人与产品之间，在情感上建立一种深厚的关系……

我们选择《滚石》杂志作为凤凰酒店的个性。我们还用 5 个词描述该杂志和我们想创办的酒店——玩世不恭、喜欢冒险、酷、超凡脱俗、年轻的心。我们做的每一项决策必须与这 5 个形容词相吻合，包括我们雇用的工作人员、他们穿的工作服、客房的设计和我们提供的独一无二的服务。这种组织原则保证所有相关人员都拥有相同的认识，包括我们的投资者、业主、设计师、建筑师、总经理和销售团队。

第四章
情感结

强情感，强连接

数据和事实是感觉的奴隶，而不是相反；女性更忠于自己的感觉。女性在选择产品时80%靠的是感性判断，而只有20%是靠理性的。女性通常是从一个感性角度去接受一款产品，然后用理性的观点支持她们的感性决定。

第一节　重新连接

2006年，一条时长仅75秒的视频，在没有顶级美女，没有明星，更没有大投入制作的情况下，却迅速在网络世界传播，短时间内获得了5亿网民的点击。

视频主角是一位名叫斯蒂芬妮的女孩，她并非模特，相貌平平，就和“邻家女孩”一样普通。一开始，斯蒂芬妮脸上没有化任何妆，脸上有一些明显的小斑点，穿着一件普通的衬衫坐在摄影棚中。接下来，一组专业的化妆师和美发师开始为她进行美容。化妆完成后，斯蒂芬妮已经“焕然一新”，几乎让人无法相信自己的眼睛。只见她脸色光润、眼睛迷人、头发飞扬，就像职业模特一样充满了魅力，仿佛脱胎换骨一般，和几小时前的那个“丑小鸭”不可同日而语！

再接下来，专家通过计算机软件对斯蒂芬妮的照片进行数字技术处理：先让她的头发更加流畅和整洁；拉宽眼睛，抬升眉毛，让嘴唇变得更加丰满；脸颊、鼻子和额头也都变得更窄，更符合大众的审美标准；同时脖子也被数字化拉长，变成了“修长的玉颈”，达到毫无瑕疵的完美状态。

最后，这张照片简直可以和任何明星、超模的照片相媲美，没人会想到照片上的美女原来就是貌不惊人的“邻家女孩”斯蒂芬妮。

视频最后的字幕写道：“毫不奇怪，我们对美的理解已经被扭曲。”

这条“变脸”视频便是多芬品牌于2006年推出的《蜕变》，作为其致力推动的“真美”运动中里程碑式的作品。该视频与这一营销运动经常被人们提及。

长期以来，美容品牌都通过在广告上推出年轻、漂亮、光芒四射的广告模特，用“美丽范本”来为女性定义美的标准，但那些从皮肤到头发都显得完美无缺的广告模特实际上都是经过修饰、造型和电脑技术处理的。在这些广告的轰炸下，女人开始认为，广告中的形象就是真实世界中人们对自己的期待，即便那样的外表是她们无法获得的，也禁不住会那样想。

当然，这些美容品牌在推广此类“美丽范本”的同时，也会兜售解决方案——模特完美形象的秘密，就在于自家产品独特的功效。

2002年，多芬公司增长缓慢，市场份额萎缩。管理者对此苦无对策，直到他们看到一份调查。该调查显示，超过50%的女人对自己的身体不自信。看到这份调查，多芬放弃了以前的营销策略，不再夸耀自身产品的神奇功效，也不再通过制造永久美丽的神话来吸引消费者，而是发起了一场旨在提高消费者自信的运动——“真实的美丽”。

2004年2月，多芬发起并赞助“美丽的真谛——女人、美丽和幸福全球调查”，对美国、加拿大、英国等10个国家的3200名18～64岁的女进行电话访问。调查结果显示：只有2%的女人认为自己美丽，只有5%的女人认为如果自己被形容为“美丽”会觉得很舒服，只有9%的女人认为如果自己被形容为“有吸引力”会觉得很舒服。研究还表明，83%的女人并不相信出现在广告中的女模特真正使用了她们代言的商品。68%的女人认为“媒体和广告为女人设定了一个无法达到的、不现实的美丽标准”。56%的女人表示他们更愿意看到广告中的女人与他们自己有相似的地方。

多芬在《TIME OUT》杂志上展开广告寻人活动，通过大众评选的方式，寻找那些“突破模式化美丽”的真美女性。活动要求女性能展现出“多样化美丽”（无论年龄、体形、文化背景、种族、发型），没有从事过模特工作，从未整过容。多芬希望以此来宣传自己与众不同的审美理念——“美，没有标准”，美与外形、身材、尺寸、年龄和肤色无关，每位女性都有其值得骄傲的美丽。

2004年3月月底，由从活动中脱颖而出的6位女性担任主角的多芬紧肤乳液“真人广告”出现在整个欧洲的印刷媒体、电视广告和广告牌上。

2004年9月29日，“多芬峰会”召开。会议邀请了哈佛心理学教授Nancy Etcof及非常著名的英国心理治疗师Susie Orbach共同探讨如何将已在英国开展3年的Body Talk（针对14~25岁之间的女性开设的沙龙会，帮助她们学会了解和处理外形和心理感受的关系，并且学习如何塑造“理想的”形象）扩大到其他国家。

2004年10月，“多芬真美运动”正式拉开帷幕。这项运动旨在启发女性认真思考关于美丽的问题，比如社会对美丽的定义问题、要求完美的问题、美丽和身体吸引力之间的差别、媒体塑造美丽形象的过程和手法。多芬在前一个群体模特广告的基础上推出一组新广告。在这组广告中，多芬另外选用了6位年龄从22岁到95岁的“典型女性”，展现她们自信、生动、充满活力的一面，在广告词上也从对“完美无瑕疵”的诉求转而强调全新的“去标准化”。同时多芬提出如“有皱纹是否美丽？(Wrinkled? Wonderful?)”“灰色是否出色？(Gray? Gorgeous?)”“超重是否出色？(Oversized? Outstanding?)”“半空还是半满？(Half empty? Half full?)”“瑕疵还是无瑕？(Flawed? Flawless?)”等问题，受众可以登录网站进行投票。在网站上，投票结果将立即显示。这组广告还以网络广告、户外广告牌的形式出现。

多芬公司是基于什么原因大胆使用真实女性做广告的？开展“真美活动”的目的何在呢？多芬公司的发言人说：“我们聘请‘真人’模特做广告，是想挑战当今社会那种鼠目寸光、思想狭隘的美女观念，把更多的‘自然美女’呈现给大家。通过这项活动，向全世界的人们表明，美丽是多元化的。我们希望能够抛砖引玉，让社会接受更加现实、更加宽容的美女概念。”多芬通过另外一种视角给美丽一种全新而有力的诠释。

多芬的作为确实让女性消费者心动。她们用实际行动表示了自己的认同——在系列活动推出两个月之后，多芬美国销量上升600%；半年之后，在欧洲的销量上升了700%。

后来，多芬制作了如《蜕变》《美容产业的攻击》等挑战传统审美的短片，并借势奥斯卡电影颁奖典礼传播至全球，同时开展美丽调查，使更多专家、公众人物、普通消费者参与对于美丽标准的重新定义。

第二节　高感性“心锚”，深度植入女性心智

作为全球知名的个人护理用品品牌，1957 年问世的多芬凭借其卓有建树的营销手法奠定了其全球第一清洁品牌的市场地位。1979 年，一个独立的临床研究显示多芬香块的温和性比 17 种主要香皂都高，这得益于其成分中的“1/4 滋润乳液”。因此“1/4 滋润乳液”构成了多芬品牌的独特卖点——多芬含 1/4 润肤乳，不会像香皂那样使皮肤干燥。1/4 润肤乳不仅仅是一种成分，也是整个品牌的精华所在。

这也是成就多芬市场竞争力的经典营销版本——基于产品的独特销售主张（USP）构建产品功能利益。然而，网络时代，“真美”逐渐掩盖“1/4 滋润乳液”这一独特诉求的光芒，并成为品牌连接消费者心智的“心锚”。

对于粉丝而言，心锚是一种永久性的体验，当你建立心锚之后，那么在任何时刻你都可以感受它的力量。心锚是信任的基础，更是以潜移默化的方式与用户发展持续连接最好的方式。

市场营销的一大重要使命便是在消费者心智中建立“心锚”。传统的做法是用功能利益反复刺激消费者大脑中枢神经

系统，如“怕上火喝王老吉”“去屑用海飞丝”便是用这种方式建立心锚，进而与消费者实现连接。

立足于卖方市场的传统营销时代，话语权掌握在大众媒体手中，企业可以通过反复传播产品的功能利益以占领消费者心智，反复刺激以形成条件反射，因此心锚主要集中在产品功能层面。

当营销从强势媒体的年代转换为强势消费者的年代，人们的注意力已经由电视等公共舆论平台转移到私人领地“手机”上，因此习惯性地将过去的干扰式营销思维移植到社交媒体上来很快会头撞南墙。相对于遥控器，手机更排斥任何传统形式的广告。

社交媒体天然的社交属性与传统媒体的广告基因大相径庭，单纯依托一个有效的功能定位、一款设计出众的产品，以重复高音贝干扰式广告占领心智的方式将逐渐失效——品牌与用户的连接方式需要重建。相对于“1/4 滋润乳液”这种完全从厂家立场出发的冷冰冰的商品概念，“真美”这种消费者本身便有兴趣且具备情感温度的主题更适合用作“心锚”。

过去的营销，偏重功能、理性的左脑思维。如今，在女性主导的网络社交空间，能打动人心的是基于右脑思维的高感性能力——“理解他人，了解人际交往的微妙，找到自己的快乐并感染他人，以及打破常规、探寻生命的目标和意义”（丹尼尔·平克《全新思维》）。

女性更注重情感价值

为了弄清楚男性和女性入住酒店期间最关心的事情，旅游咨询公司TrustYou研究了5000万份酒店点评，发现男性和女性的点评总分不相上下（女性并没有比男性更苛刻，反之也如此），但他们评价酒店体验的方式却不一样。

对于酒店及其服务，女性通常会注意酒店环境和员工是否友好，而男性更多关注的是酒店的专业水平和酒店维护。女性对酒店环境的关注比男性高11%，对酒店友好氛围的关注比男性高10%；男性对酒店设施（新旧）的关注比女性高40%，对酒店维护的关注比女性高26%，对专业化服务的关注比女性高10%。

上述研究结果与康奈尔大学的一项研究一致，后者称女性（商务）旅行者在评估酒店时比男性旅行者更依赖情感因素，如是否感到舒适。

桔子水晶酒店的创始人吴文海谈道："我们酒店当时做了开门音乐：第一，开门音乐，我选择女人会喜欢的音乐，因为女性是非常感性的一群人；第二，这个音乐可以定制。从技术角度来说做开门音乐其实不太复杂，主要原因其实是为了和客户有情感联系，这非常重要。"

尤其是在情感浓度的地方，女性总是占上风。Aileen Lee在《为什么妇女统治互联网》中道出其中的数据：女性成为社交网站的主要用户，比男性在上面多花30%的时间，并且移动社交网络的使用者55%是女性。女性对互联网的实质性影响在于，一方面通过推动互联网的女性主义特征的形成，改变人们的思维方式，从而改变整个世界；另一方面，互联网的女性特质激发了女性的上网热情。

女性先天的心理特征与移动互联的传播机制叠加，使得其感性化特征越来越强。因此，强化品牌的情感价值，才能更有效地在女性粉丝的心智中建立“心锚效应”。

让男性津津乐道的各种数据、功效指标，女性往往表现得毫无感觉。于女性而言，相对于产品功能利益，情感价值才能带来更持久深入的消费者关系。产品只能与之建立弱连接，情感才能建立强连接。

很多产品能够风行一时、在短时期内迅速获得众多粉丝，一旦市场上出现新的诱惑便迅速转移阵地，如烟云般散去，原因就在于情感价值的缺乏。

很多人都觉得妈妈做的菜十分美味，因为其中融入了浓浓的情感因素，这是任何五星御厨做的菜都无法替代的。

每个人都有浓浓的故乡情结，都夸自己家乡美，因为故土风景与回忆中美好的情感融为一体，是任何世界级的景区所无法替代的。

如果情感被注入产品，质量就不再是重要的标准了。质量不可能代替其中的情感价值。因为情感具有独占性，是排他的，而质量是可以复制出来的。

在供给高度丰富的市场，物质利益是基础需求，情感价值才是高层级的强需求。

因此我们需要通过创建情感价值，强化与用户之间的“情感结”。有效的做法主要有如下三种：

（1）赋予情感表达价值，让粉丝在购买和使用过程中具有某种心理感受，如用户在收到贺卡时会觉得温暖。

（2）成为粉丝代言人，给予用户身份识别与自我表达的作用，如“例外”服饰传递出独立女性不随波逐流的思想意识。

（3）创造主题体验，如自然、酷炫的感受。

第三节　赋予情感表达价值

人们之所以会一再选择红色玫瑰送给情人，因为它在人际关系中最适宜于表达这样的信息：“我爱你。”

同理，只有赋予品牌情感表达价值才能停止其继续流于大众化的趋势，并维系住消费者的注意力。例如宝洁公司的洗发水品牌飘柔，在大多数洗发水仅仅用于洗净头发时，定位于“使秀发飘逸柔顺”，从而获得了巨大的成功。但当越来越多的竞争对手也推出了具有柔顺功能的洗发水，“飘逸柔顺”的吸引力渐渐消退时，飘柔明智地进行了品牌二次定位，提出了“飘柔使我更自信”，赋予品牌新的魅力。同时，“自信”这一情感定位使品牌具有了鲜活的个性，其他竞争对手再模仿，只会被消费者认为“东施效颦”。

对于粉丝而言，同类产品的功能特征与利益大同小异，但情感表达价值却有天壤之别。

女人们买施华洛世奇是因为和这个品牌有情感联系。她们能买便宜点儿的水晶吗？当然可以，但那就不是施华洛世奇水晶。在用户心中，其他品牌都不如它好，虽然实际上用的水晶材质可能完全一样。

对于女性而言，情感表达价值主要表现在知音/伙伴、情感信使、内心渴望三个方面。

1. 成为知音/伙伴

深度的情感关联，可以让你从容地抵制来自竞争者的诱惑。这种情感基于你对女性消费者的理解、关爱，深入地了解她们的心声并表现出共同面对的态度，当她们面对难题时给予辩护、支持，与之建立休戚相关的情谊。就像一个知音/伙伴，你在心理层面与之有强烈的共鸣，她们可以通过你向社会传递自己的声音。

在耐克女鞋最初的市场推广上，耐克沿用了销售男鞋的相同手法，但销售效果不甚理想。因为，在进一步扩展市场占有率时，耐克发现大多数女性并不会轻易对某位体育明星的成功产生浓厚的兴趣，相反她们更注重情感之间的交流。女性在运动场中可以像大多数男性般拼搏、强悍，但是锻炼身体和运动也是一种放松、休息，甚至是联系友谊的活动。

于是耐克便进行了一番调整，除了在洛杉矶这样的核心消费区域开设数家“耐克女神”专卖店外，营销推广注重将明星或者产品融入女性的生活之中，同时突出女性独立自主的个性。这样就必须要找到一种新的方式来与女性交谈，特别是不能过于描述体育巨星。

耐克通过反复研究，把一则宣传广告刊登在了一本深受女性喜爱的生活时尚杂志上。广告的创意方案采用自我审视的方法来揭示女性的内心世界，以女人与女人的“对话”作为主要沟通手段。作品采用对比强烈的黑白画面，背景之上突出展现的是一个个交织在一起的“不”字。

广告文字似乎不像是一个体育用品商的销售诉求，而更像一则呼之欲出的女性内心告白：在女性的一生中，有人总认为你这不能干，那也不能干；有人总说你不够优秀，不够强健，不够天赋；还会说你身高不行，体重不行，体质不行，不会有所作为……这太多太多的“不”字伴随了女性的一生。现在，你要大声说：“不，我能行!”女性要以行动证实女性的价值和自尊。

如同其他“耐克”广告，这则广告获得了巨大的成功，引起了很多女人的共鸣。许多女性顾客打电话倾诉说：“耐克广告改变了我的一生。”“从今以后只买耐克，因为你们理解我。”

这种触动，在于耐克真正洞察了女性内在的需求，支持她们内心的选择，就像一个知音一般传递出其心声，因而获得更广泛的认同

德国妮维雅品牌旗下的抗衰老产品 Nivea Vital 赢得了 50 岁以上的消费者。她们总是被社会，尤其是商业世界所低估或者忽略。该品牌承认这个年龄段人的成熟、生活经验、沉着和自主，而不是热衷于一般流行的青年人的狂热，因而与这部分人群呈现出情感上的高度“共鸣”。

2. 成为情感信使

为情感搭桥，把深藏在粉丝心智中的情感嫁接到一个品牌

上，让品牌附有一个消费者想向另一个人传递的情感信息，主要的方式就是为储存在头脑中的已有的感情搭线。

一些品牌因为成功地将示爱的信息附加到产品身上而成为女性的不二选择，其中最为典型的便是戴比尔斯。“钻石恒久远，一颗永流传”让戴比尔斯成为钻石的代名词——买钻石首选戴比尔斯，尤其是买来送给爱人时。

从社交媒体发展起来的玫瑰花店 Roseonly，将基于送花行为里的爱情价值延展至极致，专注于打造爱情信物，注册后绑定指定收礼人，终生不能更改，以“信者得爱，爱是唯一”为主张，激发人们对于爱情唯一性的向往。

除了已有“情结”，与本能的感情反射融合在一起也是很好的策略。例如女性看到初生婴儿、可爱的动物内心都会自然而然涌出温柔的情感。一个英国的卫生纸品牌就出人意料地采用了这一方式。

2014 最受英国人民喜爱的超级品牌榜，卫生纸品牌皇冠（Andrex）居然领先风靡全球的苹果 2 个名次，排在第 12 位。在无与伦比的成就后面隐藏着一个很简单的秘密，即用给人可爱感觉的拉布拉多犬卖萌代言——给人留下最深的印象就是广告里那只追着厕纸跑的拉布拉多。消费者对一只可爱的小狗自然本能的爱，与皇冠品牌融合在一起，成为不可分隔的一个整体。皇冠并没有认真地试图在竞争者中突出合理的质量论据和功能特征。消费者钟爱皇冠，因为她们喜欢小狗。

与此十分相似的是法国的配饰品牌瑷嘉莎（Agatha）。1989 年，该品牌推出第一款苏格兰爹利犬小狗吊坠，自此就全球女性开始疯迷。这一小狗形象便成为品牌识别元素，也因此正式成为瑷嘉莎的吉祥物，并广泛应用于其他饰品的设计，让人倍加喜爱。

3. 激发渴望

情感的传递主要是建立在回忆的基础上，与过去有关，而与未来有关的则是渴望。消费者钟情于隐藏着渴望的品牌——渴望也能和一个产品融合在一起。

作为最具价值的个人品牌之一，美国知名脱口秀主持人奥普拉·温弗瑞拥有自己的商业帝国。奥普拉·温弗瑞的座右铭是“过你最好的生活”，将那些不屈服于命运并希望通过自己的努力过上更好的生活的女性吸引过来。于她们而言，奥普拉·温弗瑞是最受欢迎的兴奋剂，给了她们生活的能量和希望，让她们颇受鼓舞。

在美容品领域，这一点表现得比较突出。在美国，露华浓一直是最受追捧的彩妆品牌之一，其创始人在20世纪30年代提出的营销哲学——我们生产的是口红，但我们出售的是希望——至今仍被很多人奉为圭臬。

雅诗兰黛集团旗下的海蓝之谜面霜，被誉为化妆品界的奇迹，人称“面霜之王”。美国太空总署（NASA）太空物理学家麦克斯·贺伯博士在一次火箭燃料爆炸中，不幸惨遭化学药品灼伤，经过无数次皮肤科医师的医治与疗程后，仍无法将他的面容回复到以往，于是麦克斯·贺伯决定自己投入皮肤保养面霜的研发。经多年试验，他制造出连他自己都梦寐以求的产品。

这瓶需要经过三个月以上的时间发酵，富含海藻萃取、多种维生素与矿物质的有机面霜，不仅让博士的面容成功地恢复健康肌肤原有的面貌，更让其少数友人的皮肤问题获得改善，自此受到名流与时尚先锋的高度关注——海蓝之谜用一位航天科学家的故事不断地激发女性永葆青春的渴望。

在著名的波士顿咨询公司所做的一项研究中，消费尽可能多的美容产品或服务的女性，报告了更多的自我感觉满意（54%）、成功（46%）和强大（31%）。与之形成鲜明对比的是，消费最低限度美容产品或服务的女性，较少报告自我感觉满意（38%）、成功（26%）和强大（12%）。

第四节　成为“粉丝”代言人

人们总是用很多方式表达自我，比如工作选择、朋友、态度、观点、活动、生活方式等。人们喜欢、欣赏、讨论、购买和使用的产品也为人们表达自我形象提供了工具。

同样的香水，装在普通的瓶子里无人问津，装在迪奥的瓶子里却让人趋之若鹜，因为迪奥代表着一种并不普通的生活方式。

同一个女人，学生时代会去沃尔玛买日用品，参加工作之后会去屈臣氏买口红，当晋升为企业高管后会去丝芙兰买眼霜。不同的零售终端传递出不同的身份感，对客户的情感唤醒程度不一样。

明星出席商业活动时，都要指定入住的酒店，甚至喝的水都要指定依云，因为依云与其社会地位相称。

当一个品牌或产品能够为消费者的自我代言，与粉丝之间的联系就会更加紧密。想想使用玉兰油（强调温柔、成熟的自我概念，而且具有异国情调和神秘气质）或凡士林的不同，就会发现后者在相当程度上无法为用户代言。

在如今这样一个追求个性化的时代，品牌对用户自我身份的彰显甚至常常比品质更重要。

例如，看起来破旧的牛仔服会成为一种流行，甚至比无瑕疵的新衣服更贵。在老派、保守的人心目中，这种现象有点不可思议——带窟窿的衣服不仅可以穿，而且还成为购买的一个标准。破牛仔裤行使着“代言人”的角色，无声地传递着穿着者的信息：不拘一格，敢于冒险。

基于这样的认知，产品所呈现的信息应该与消费者的个人身份及社会自我有关——什么是其最想向周围社会传递的。你可以从以下几个方面着手：

1. 展示性格

无论你是产品制造商还是零售商、服务商，把你的品牌塑造为一定的性格特征或者是个性标记，让消费者愿意拥有它或者在其他人面前展示它。

慕柏婷（Marbert）一直是德国优质护理品牌的代表，赢得了一代又一代德国消费者的信赖。其用户通过反映在面孔上的特征而变得美丽，不是因为化妆，而是因为“每张面孔都在讲述一个故事”。甚至面孔上的一个小小的疤痕都不是瑕疵，都会给女性的面孔一种特别的魅力——这使得慕柏婷的粉丝完全不同于那些传统型的女士。

惠而浦的研究表明：与竞争品牌相比，它的产品更为女性化。当受访者被要求将惠而浦产品想象成人时，很多人会描绘出一个住在郊区的、注重家庭的现代女性——富有魅力但又不轻浮。

日本知名服装设计师山本耀司说过一句广为人知的话：“还有什么比穿戴得规规矩矩的人更讨厌的？”这句话也蕴含

了其品牌设计精神——欣赏其风格与个性的粉丝不喜欢随波逐流。

在潘朵拉珠宝的设计理念中，为顾客提供个性化珠宝是一个非常重要的组成部分。顾客完全可以按照自己的想法创造任何潘朵拉珠宝的外观组合，因而赋予女性自由表现自我的价值。

2. 代表思想观念

一般而言，思想观念跟行为一样，可以清晰地反映出一个人的形象：她的性格、兴趣、生活态度，或者是她的外表。

为了表现自我，或是改变其他的人，人们总是乐于向外界表示他们的思想观念，而不是隐藏起来。

因品牌可作为“代言人”来公开表达消费者的意见、信念和意识形态，于是消费者拥有了持续购买的动因。

“你左手轻摇摇篮，右手驾驭世界。”

“左手宣告的是承诺，右手代表的是独立；左手为情爱而生，右手为精彩而活；左手渴望为友人相牵，右手渴望为爱人抬起。世上的女性们，举起右手吧！”

“你的左手说‘我爱你’，而你的右手说‘我也爱自己’。”

这一切，都是戴比尔斯为推销其“右手之戒”而设计的“说辞”：除了让男人为你买“婚戒”，你还应该好好犒劳自己。

将钻石打造为“情感信使”的戴比尔斯，推出专为女性代言的“右手之戒”——这一产品因有效地表达了追求独立的女性的思想理念，而被她们青睐。

定位小众女性的高端服装品牌“例外”是一个偏哲学的品牌，其标识是反的，内涵是外反内正，她反的是那些束缚在创新上的旧框框、市场上的惯性，她提倡的是反向思维，更关注自身内在的正面需求，更注重对生命、生活、生态正面主张的坚守。

今天的消费者已经不满足于仅仅关注产品本身，还关注生态环境、公平贸易，关心自己消费的商品是怎么被生产出来的。他们用实际行动，支持拥有道德生产理念的品牌，这正成为一种新的时尚态度。

环保休闲鞋履品牌 Veja 由两位法国人创立。创立者在 25 岁的时候，曾在巴西做了一个针对全世界可持续发展问题的项目调研，这段经历促使他们在 2005 年创立了 Veja 品牌。Veja 将“道德生产”的理念践行于每一个生产环节，如原材料供应、生产流程、包装、配送等。他们采用的原材料，有来自亚马逊雨林的天然橡胶、有机棉、生态皮革等。

像 Veja 这样的品牌很好地体现了与社会、环境友好的思想理念，因而获得很多消费者的拥护，尤其能引发向来爱心爆棚的女性的情感共鸣。

3. 生活方式

越来越多的品牌不是在卖产品，而是贩卖生活方式。围绕生活方式的连接，能产生用户黏性。

在美国，文化人士或者高薪白领认为，穿着没用过杀菌剂和杀虫剂的棉花做的有机棉T恤是一种更健康、时尚的生活方式。下班后，他们不会去麦当劳，而是去全食超市买点东西回家，或者就直接在那里的熟食店吃饭，因为全食代表着健康、高品质的生活方式。

哈根达斯提倡“尽情尽享，尽善尽美”的生活方式，家喻户晓的广告词“爱她，就带她去哈根达斯”，鼓励人们追求高品质的生活享受。在提供冰淇淋的同时，哈根达斯非常注重营造氛围，使品尝哈根达斯冰淇淋成为一种难忘的体验，甚至成为优质生活和品位的象征——高端的消费阶层固然是它的忠实顾客，中低端的消费者也被它所吸引，一旦有了闲钱，也会奢侈一把。

MCAKE是法国百年品牌马克西姆（MAXIM’S）打造的蛋糕品牌，始终强调其源自巴黎的味道，原料大部分来自法国，严格遵守法国经典蛋糕制作工艺，坚持走浪漫、优雅的路线，因此成为喜欢法式生活艺术消费者的选择。

休闲运动服饰品牌露露柠檬热衷帮客户创立一种他们长久喜欢的生活态度，她们称这种态度为甜蜜生活，即通过运动让自己大汗淋漓，以阳光姿态向外传达健康、时尚的生活品位。落实到营销上，露露柠檬不设市场部，不打广告，更不请名人代言，但也建立了一套与“生活方式”品牌定位相匹配的策略。

4. 身份识别

把你的产品、店铺、服务打造成为一个消费者愿意彰显其身份的标志，也就意味着与其建立了强有力的情感纽带。

例如，娇韵诗会让其用户感到自我身份的矜贵和特别，因而成为持续购买的忠诚粉丝。

全球最精致手制巧克力的创制者歌帝梵（Godiva），其命名即源自传说中美丽善良的伯爵夫人 Godiva，一开始即给自己打上高端定位的标签。自 1968 年起，歌帝梵成为比利时皇室御用的巧克力品牌，被称巧克力中的“劳斯莱斯”，因而成为高端社会阶层的一个标签。其品质定位也高度契合这一群体的需求：保持持久新鲜，选用高档可可豆和牛油等精选的优质材料，味道一般不会太甜，并且富有独特的质感和天然味道。因此，其味道并非平价巧克力所能比，因为平价巧克力一般会加入人造香料和防腐剂，务求延长产品寿命。

基于身份识别效应的忠诚度，在社会精英群体中的效果更为突出。想象一下俱乐部和聚会的“门卫的印象”——唯有真正的粉丝才能获其允许。被拒绝的人越多，被选择的客人就越感到有特权。

要强化因此而建立的情感连接，你应缩小市场范围，将对象更多地设定为中高消费能力的人群，并围绕他们来打造产品和服务。

数码自我

人们逐渐分离出三种自我形象，展示在整个物质世界前的公众自我、个人自我（当你独自一人时的状态）及数码自我。而数码自我者在传播范围上远远大于前两者。如果你长期上线，则会有更多人了解，或者自认为了解你的数码自我，并将这样的形象等同于你的真我。实际上，你在人们脑海中的形象很可能非常生动具体。

两位华盛顿大学的研究者在为小说读者做头部断层扫描时发现，当在阅读过程中遇到相关内容时，被试者会像遭遇真实经历一样激活同样的大难区域，创造出包括音像、声音、动作、味道在内的高密度心理模拟图像。

数码自我不断成长并延展其社交关系，因此很多社交网站主要的吸引人之处就在于让人们结交好友。最先出现的一个广受欢迎的网站就叫做 Friendster。在自恋式的虚拟文化中，我们“好友”网络的组成已成为关键的身份标志。它是社会地位的晴雨表，既让我们实现自尊，也赋予我们社会地位，还能衡量我们的社会资本。它允许我们带着更多的自信在网络世界中展现自我，特别是当我们拥有大量的“好友”时，如微博等各种社交平台上盛行的“僵尸粉”，便是为了满足数码自我广受欢迎的需求而营造的假象。

第五节　创造主题体验

社交媒体的流行改变了用户体验管理的生态体系，无形中放大了女性用户体验的社会心理空间，为商家和消费者共同创造体验提供了更多可能，从而使得情感连接更强。

根据这种变化，企业应该基于消费者情感反应、行为反应和社会反应积极主动地塑造体验。

品牌体验通常会选择一个清楚的、独特的、注重客户心理感受的主题来表达。主题是指以明确的形式、概念、表象、口号或其他能唤起消费者感觉想象的方式来传达企业和品牌的内容和意义的信息，并逐渐成为消费者对企业加以认知的代名词，例如“愉悦”“活力”“酷”等。

对于女性消费者而言，其价值的体验主题主要来自以下方面。

（1）自然：如知名护肤品牌美体小铺强调“绿色环保”的体验，销售的只是非常具有自然性的产品，反对使用动物测试，并通过公平贸易购买天然原材料。韩国品牌悦诗风吟（Innisfree）的名字来源于爱尔兰著名诗人叶芝的名作《The Lake Isle of Innisfree》（心灵小岛），寓意纯净自然，以坚持选取来自纯净海岛济州岛精粹原料著称。服饰品牌江南布衣推崇自然的生活方式，走都市田园的风格路线，其材质多用不同肌理、风格的纯天然面料，如棉、麻、毛、丝等；枝叶花草成为标志性的装饰纹样，演绎与自然相融的理念。

（2）有趣、激情、活力的感受：倩碧曾推出的第一款名为“欢乐”的新香水，倡导了欢乐时尚的潮流。倩碧还为“欢乐”品牌香水制作了限量发行的CD作为搭售产品。雀巢推出的笨NANA冰淇淋很像香蕉，外皮可以像香蕉一样剥开，剥皮后里面包的是牛奶雪条，外皮口感与果冻接近，也可以吃掉。这一产品从命名到形态都体现了鲜明的趣味。

（3）文艺：理查特公司制作的巧克力被英国版《时尚》杂志称之为“世界上最漂亮的巧克力”。该公司首先定位自己是一家设计公司，接着才是巧克力公司。其产品被设计得如艺术品一般，其中个别的特殊产品系列展示着一组迷人的儿童绘画，并且可以根据顾客的要求制造特别的巧克力徽章。创立以来一直走艺术路线的彩妆品牌M. A. C（魅可），将歌剧院的辉煌感觉融入专卖店和专卖柜的设计中，创作的妆容将彩妆与艺术进行有机融合。

（4）时尚和大众文化：家政女王玛莎·斯图尔特一直被称作是“美国大众文化的代表”“一种女性营销理念”，是近些年美国生活方式最典型的诠释者，引导了生活类图书、杂志和电视节目的新浪潮。

基于这些源自社会生活的主题化体验，企业把自己变成活生生的品牌，融入女性顾客的生活中，跟顾客建立紧密的生活关系。

企业在选择体验主题时应该重点关注几个特点：

一是明确性。明确地表明客户通过购买和消费将会获得什么样的体验。

二是独特性。体验承诺必须使客户能够将本企业与竞争对手区别开来，主题不能太琐碎或者太宽泛。比如像质量、创新这些词都没有任何意义，它需要足够有趣、引人入胜，能与人们的生活方式产生联系。

三是可实施。任何一项体验承诺都应该能够兑现，因此，企业需要进行相应的技术与人力资源的重新配置，为兑现承诺提供保障。

主题性体验将消费者带上了一段旅程，多种感受、多种记忆形成了消费者与品牌的联系。

要确保实施到位，需要分三步走：

第一步是获取消费者洞察，即深入了解消费者的体验世界，比如护肤品行业你需要了解人们为什么使用这个产品，在什么条件下适用，条件包括空气污染状况、南北气候差异等等。你还要考虑市场上的流行趋势，更倾向于自然的产品还是更夸张的东西，你的消费者是住在城市还是住在农村，是有很多社交生活会喝酒的女性，还是家庭型的女性，这些差异都对皮肤有影响，

第二步是确定一个客户体验主题，用简单明了的方式定义你的客户体验是什么？比如韩国护肤品牌兰芝建立了一个关于平衡能量的主题。

客户体验主题需要与生活方式有关，这将确保品牌能有机地融入消费者的网络社交生活。兰芝将客户群体定位为年轻的都市职业女性，并做了很多消费者洞察的研究，发现她们都爱

看时尚杂志，爱去海外旅行，非常在意自己的外表，但不想用太技术性的东西，喜欢人参、绿茶这些流行的自然元素。兰芝做了很多焦点小组产品测试人类学等的研究，完全沉浸到这类人的生活方式之中，获得的一个关键洞察是都市职业女性需要在职业、个人生活、家庭朋友这些活动之中保持能量的平衡，于是这个非常流行的概念就成了客户体验主题。

第三步是执行层面的，包括创造独特生动的品牌体验，构建与消费者的良性互动体验和持续不断的创新，企业对消费者的生活方式环境和消费趋势方面的变化要始终保持敏感。

一间长长的木屋，里面是长长的走道，两边是用木板做成的墙，走进“例外”专卖店空间时，看到的是另类的树木和泥土图片。店里的木板、麻布及裸露的灯泡等这些最简朴的材料，让人感觉不像是走进了一家服装店——区隔于传统店面风格的装饰，是“例外”塑造体验的重要方式。许多服装品牌为了销售而忙碌地寻找代言人、策划冠名活动，“例外”却几乎从不做广告，也没有大张旗鼓地公关宣传，就算拥有一些名人客户资源，也很少拿出来进行宣传。“例外”从体验主题出发，通过店铺和一些“别人不能想象的活动”深入受众的内心。

在网络空间，主题体验也是品牌发展社区、促进社群互动的重要原动力。正如希腊酸奶品牌 Chobani 给自己在社交网络上的定位那样，它不是一家公司，而是一个活生生的人，与那些同样热爱生活、关注健康的人在网络上分享自己的健康生活，与消费者成为朋友。也许它不是他们生活的全部，但就像 Chobani 的一句广告语所说的“just add good”。当消费者经历那些生活中的美好时刻时，Chobani 就是那其中的一点点“好”（good）。

第六节　伟大品牌的魔力之源
——情感连接

对于产品属性的过度关注是一个比较常见的陷阱，因为它将经营重心过分地倾斜到产品属性和功能利益上，如海飞丝的去屑、雀巢咖啡的香浓。对功能性利益的过度关注，是基于我们设想粉丝是理性的，完全被产品功能所操纵。糟糕的是，那些依赖特质与功能的战略通常是无效的，尤其是对于在移动互联上的女性而言，她们不会相信所谓品质、利益是购买某一产品最核心的驱动力。在潜意识中，她们会认为大多数产品在品质与功能利益上都是旗鼓相当的。

情感是让女性建立忠诚度的强大动因，建立情感连接的前提在于关注消费者基本需求与根本动机，这会让竞争对手基于产品功能利益的诉求破坏品牌与消费者关系的能力大大降低。

超越功能，进入情感世界，对于建立强关系至关重要。

我们始终不应忘记女性铁杆粉丝是情感化特征特别明显的一个群体，企业应该始终注重在心理情感方面与之建立更紧密的关联。知名市调公司盖洛普针对超市业展开了一项研究，其调查结果从另一个层面印证了我们的主旨。

以行业领先的连锁超市为例，情感连接的重要性可以体现在两个方面：一是顾客来店采购的频率，二是每次在店内的消费金额。在一份调查表中，顾客对超市的满意程度进行打分，从1分到5分，5分为“非常满意”。那些打分在“非常满意”之下的顾客，也就是给出1～4分的顾客，每个月平均来店采购4.3次，消费166美元。那些给出“非常满意”的分数，同时与这家连锁店之间并不存在强烈连接的顾客（也就是说，他们并没有全情投入），来店的频率与打分较低的客户相比更少（每月4.1次），消费金额也更低（144美元）。这样看来，顾客极端满意的态度并不能为顾客起到增值作用。

但是，针对那些对商店“非常满意”，同时又存在情感连接的顾客，也就是所谓的“全情投入”的顾客，盖洛普研究发现了一种大不相同的客户关系。这些顾客每月来店5.4次，消费210美元。

盖洛普将顾客对超市商品单纯的“满意”态度，与顾客情感投入的区别，归因于对商店的“情感连接”：与商店之间存在强烈情感连接的顾客，比起没有情感体验的顾客来说，来店次数多出了32%，消费金额多出了46%。没有唤起情感投入的顾客满意度，一文不值。

《需求：缔造伟大商业传奇的根本力量》一书引用了这一研究成果，并且指出：“伟人的需求创造者十分重视情感诉求，并将这一关键元素融合到功能十分完备的产品之中，以产生魔力。客户一旦对产品投入了感情，就会成为其忠实拥护者，并对产品和服务提供新点子和新建议。如此一来，公司本应投在广告和营销上的资金就可以相应减少，收入会相应提高，从而更好地为客户服务……而顾客之间的口口相传，也为公司吸引来了更大的顾客流。这样的良性循环，具有无限的增长潜力。”

人有两种特质：固有特质和可变特质。性别、种族、母语等属于固有特质，而居住区、爱好、专长、思想属于可变特质。特质的不同，会影响一个人与他人的交往。

人们通常会与同自己相似的人建立社会连接。

你可以通过主动匹配，将你对于粉丝的需求、期望、定义显性化，并按照设定的机制塑造自我，坚持下去，真粉丝才会源源不断地过来。

让用户成为你的粉丝，犹如物理学中的磁化现象，让普通的商品拥有磁力点，可以与一般的消费者产生心灵上的连接。

当消费者的权力增强，营销人员就必须改变，改变过去为品牌所做的区别。他们强调的差异已不相同，不再强调产品的属性与特点，而是强调如何配合消费者需求及附加服务的优点；从强调产品物质利益或者促销战术的商业利益，转向从顾客的兴趣、喜怒哀乐、思想理念、生活方式出发，去寻求匹配的属性。

2005 年 5 月，美国男子杰里·米勒创办了一家专门帮助美国农场主寻找相亲对象的另类相亲网站。网站的宣传语就是：“城里人，请绕道走！”7 年之后，网站的注册用户已经由最初的2000人增加到现在的20多万人。

杰里·米勒创办这一网站，最初是因为他听到一位女性农场主的抱怨："我担心我在圈子里找不到适合我的人，虽然我认识城镇里的所有人。我已经投降了！也许，我应该试一试网上相亲！"然而一个月后这位农场主告诉他："和我聊天的那个男人根本不懂农民的生活！"

该网站现在还面向美国全国的农民，甚至包括所有想要搬回郊区过农村生活的人。

磁力点，就是你与用户高度匹配的属性。磁力点不在产品身上，而在于我们为产品附加何种属性，而这种属性恰好是某些消费者已经具有的属性。这种属性不因你的产品而存在，它本身就存在于消费者的生活形态当中。

肯园、玛丽黛佳、M. A. C的磁力点源自于围绕艺术爱好者打造的独特体验；

绽放服饰的磁力点源自围绕旅行者打造的互动平台；

美体小铺、全食食品的磁力点则是改善人类生活品质的愿景；

Roseonly的磁力点是其相对于同类的超强对比度。

它们的磁力点均脱离产品本身，而有机融入消费者生活形态中的固有属性——这种属性因人而存在，产品的使命在于服务并强化这一属性。

在品牌运营“道”的层面着力，塑造超强的磁力点，让用户在纷繁复杂的市场环境中敏锐地感应到你的存在，主动来追随你，而不是在术的层面过分用力，靠各种各样干扰式营销手段让用户关注到你，并且这样获得的粉丝大多会很快流失。

能让粉丝感应到的磁力点，主要源于以下三大引力要素：

（1）社群。消费者的需求和爱好相同或相似，对市场营销刺激的反应基本一致。你可以基于兴趣、爱好等不同的社群属性，去定义自己的目标粉丝群。你会因聚焦特定社群，洞察到其特定需求，让他们对你产生“自己人”的亲切感和认同感。

（2）愿景。思想的魅力是无与伦比的。愿景，有着强大的感召力，会让你释放出不一般的人格魅力。士兵会被军队的信念所感召，信徒会被宗教的信仰所感召，粉丝会受企业愿景所感召。在迷雾重重的市场上高举你的信号灯，让具有相同理念的人能清晰地看到你发出的信号——在同质化的海洋之中，他们在寻找能触动他们内心的品牌。

（3）极端。对比度越强烈，越容易找到忠实粉丝。因为粉丝就是这样一个高感性的群体，他们对不温不火的事物无感，他们鼎力支持那些敢于制造强烈反差的人。要么热烈支持，要么讨厌，没有灰色的中间地带。就像榴梿或者芥末，有人完全不能接受、避之唯恐不及，有人尝了一次之后，终生喜欢。因此，你需要成为一种极端的存在，才能让某些人从骨子里喜欢你。

磁力点，在你和目标粉丝之间定向传输彼此理解的密码，让你与有感者相互吸引，让无感者敬而远之。

磁力点所对应的引力要素与用户匹配度越高，越容易让粉丝被感应并追随；执行上的精确度、一致性、真实性将决定最终效能。

第五章
甜蜜区

长连接，长相随

单纯基于产品销售的交易并不能让你与女性建立深入的关系。创建“甜蜜区”，强化参与感，制造共创、共享的机会，可让传统的顾客关系由物理连接升级到化学融合，由交易关系进化为利益、情感共同体。

第一节　参与越多，认同度越高

美国女星 Lady gaga 因其穿着搞怪、言行出位被戏称为“雷母”，其造型之大胆在流行乐坛可谓独树一帜，但其在大众文化领域具有强大影响也是不争的事实。

如此影响力，当赖其超凡的粉丝号召力。作为“社交女王”，Lady gaga 能让普通的歌迷转化为粉丝（其粉丝称呼为 Little Monsters“小怪兽”），自然有跟粉丝发展关系的独到之处。在互联时代，Lady gaga 始终是娱乐圈与粉丝玩社交互动的“标兵”。

当很多明星还停留在借助微博进行个人展示，粉丝们只能通过论坛、讨论组进行互动的时候，Lady gaga 已经拥有专属的明星社区——她的私人社交网站 Little Monsters（小怪兽）。任何人都可以注册成为该网站用户，唯一的要求就是所分享的内容必须围绕 Lady gaga。

这个为粉丝精心打造的社交平台还被赋予了更深的内涵——“分享激情和创造力，充满艺术的地方”，不仅具备最流行的社交功能属性，也为广大的粉丝群体搭建起紧密的社交关系网。

Lady gaga 以名为“Mother Monster”的账号活跃在这个网站上，一方面向粉丝分享工作和生活上的私人信息，另一方面也以“赞”和评论的方式与粉丝进行积极的互动。坐拥千万级粉丝量的Lady gaga并没有以高高在上的姿态俯瞰她的粉丝，经常以赞美和鼓励的话语去激励粉丝创造更多有意思的内容。

Little Monsters（小怪兽）融合了图片社交分享网站Pinterest和社交新闻站点Reddit的特点。内容分享和讨论的形式多种多样，可以是文字和图片，也可以是音乐和视频。以图片、视频为主的内容互动方式能够打破语言的藩篱，为来自不同国家的粉丝创造互动的机会。

小怪兽同样设置了好友推荐和搜寻的功能，帮助志趣相投的小怪兽们迅速找到彼此。

偶像的动态是粉丝最为关心的信息，小怪兽们将关于Lady gaga的未来行程和过往动态即时、全面地推送给用户。与此同时，演唱会和见面会的门票发售服务也可借此开展，为明星宣传构建起天然高效的渠道。

迥异于传统娱乐圈惯用公关宣传影响歌迷的手法，Lady gaga已经走得很远。过去明星开演唱会、发唱片，粉丝购票观看，进行的只是一次性的连接——活动结束之后与歌迷的连接便断开了，这种连接方式难以让偶像与粉丝之间真正发展出深厚的情感关系；而Lady gaga采用了过去很多人不会的玩法，以社交平台为载体展开持续对话，因而有效扩展与歌迷的接触点，有更多机会与歌迷建立情感联系。

企业通过其应用、服务、活动、信息等方式，和用户不断发生接触，吸引他们体验产品或服务。这种企业和用户长期不断接触而产生的长时间联系，被称为“长连接”，每次接触都可以产生反复黏着和转化用户的机会。

相对应的，短连接指用户和企业（或产品、服务）发生一次接触后就断开联系的行为。长连接和短连接原是通信领域的专业术语，如今被引申用来形容社交语境。

社交网络让企业摆脱了对大平台（例如大众媒体、新闻网站、搜索引擎、电商平台）的依赖，用户与企业之间开始产生追随、订阅关系。企业可以不断地将信息传递给用户，其优质服务所蕴含的分享力，也在推动用户源源不断地分享，两者之间接触不断增多。

在通信术语中，长连接不能同时服务过多用户，但在无成本、去中心化的前提下社交网络优化了这一点，可以同时服务数百万乃至更多用户。任何企业与用户的每一次接触，都会带来扎扎实实的时间或关注度货币。

在长连接这个范畴下，不管是通过企业发布信息还是好友的分享，用户与企业任何一次接触，都可以称为接触点。注意力经济时代，顾客的关注度与忠诚度成正比；顾客给予你的注意力越多，对你的忠诚度自然也会越高。要将用户发展为铁杆粉丝，就要通过长连接的方式增加与用户的接触点，其中最有效的方式便是增加其“参与感”，就像 Lady gaga 那样开创一个互动社区平台让粉丝可以参与其中。

虽然是娱乐界人物，但 Lady gaga 的做法无疑为商界人士指引了一条新路。在传统的广告营销模式之外，企业有更适合互联时代的选择——让用户更多地参与。

2014年年底，挪威Bergen市的宜家要搬迁至离原址只有300米的新址，于是决定邀请Bergen市的市民们一起帮忙搬家。

宜家在纸媒、户外广告牌、网站、社会化媒体上都发布了这一召集令。在宜家网站上，宜家请网友们认领他们感兴趣的搬家角色。比如：你想主持开业演讲吗？你想在开业典礼上协助市长吗？谁愿意在宜家入口处种下第一棵树？谁负责宜家的顾客广播站？在宜家搬家时，谁想帮忙看管旧游戏室里的那几千个塑料海洋球？

不久，人们开始志愿认领任务，甚至还有人主动提出那些没有被列出的任务。真是“没有任务，创造任务也要上”。比如：有小朋友们想跳支舞，有老人想拉段手风琴，有跳伞运动员想表演跳伞……他们都在宜家网页留言，表示想为宜家搬家出份力。甚至挪威最火爆的Hip Hop艺术家Lars Vaular也志愿来现场表演，于是宜家又在网上征集：谁愿意去机场接他？

这份热心义工的名单越来越长。在宜家搬家的大日子里，这场开业典礼完全由志愿者邻居们张罗，大家团结作战。20%的Bergen市民都参与了开业典礼，而且宜家当天打破了以往所有的销售纪录。正是因为宜家和当地市民的精诚合作，才造就了这场宜家史上最成功的开业典礼。

如今，商业世界已充分认识到“用户参与的力量”。当粉丝参与进来时，企业得到的不仅是更多的创意，还有更强的认同度；当人们亲身参与创作某一事物时，将会更加投入。因为参与，以往我、你之间的界限被打破，因此而产生的连接创造了“我们”的共同体，大大提升彼此间的信任度。

基于第二章提到的女性消费变革趋势——从个体消费到群体消费、从物质需求到情感体验需求，这两种变化融合在一起催生了有着特别意义的新需求：用户需要参与到品牌发展过程中来，而不是满足于单纯的购买。

第二节　甜蜜区：顾客参与的最佳地带

参与，让用户与你的连接变得可持续、深入。

受消费者是理性购物者这一假设的驱动，企业经营者往往不自觉地倾向于认为消费者想要了解产品或服务的相关信息才购买。但以产品驱动为主的经营活动，消费者很难参与，特别是当产品与生活方式关联度不高时。消费者除了购买产品或服务时，很难与企业发生更多关联，这种一次性关系导致企业跟用户之间只有交易而难以产生“交情”——交易与交情是两种性质不同的社会互动，企业与客户之间关系的基础是利益互换，是一种交易关系，一般遵循公平法则，交往双方都要考虑付出与收益的平衡；亲朋好友之间是利益与情感共同体，是一种共享关系。

基于产品销售的连接只是浅层次的物理连接，而“参与”可以让你与顾客的关系更融合，进入“共同体”式的关系。

互联网时代，传统广告对用户的影响力不断衰减，企业也应创建方便用户参与的“甜蜜区”——这是产生高价值、强化顾客情感的重要选择。

甜蜜区的概念源自体育运动——美国棒球击球手泰德·威廉斯被称为“史上最佳击球手”。他的秘诀是，只打“甜蜜区”（Sweet Area）的球。所谓“甜蜜区”是指击中率较高，适合于把球打到合适区域的击球区。

用户的甜蜜区应该与粉丝自我身份认同和生活方式的一部分重叠，主要集中于消费者喜欢参与的活动或兴趣爱好，能够反映他们生活中一个更高的目标。如多芬的真美运动、露露柠檬的瑜伽训练，可以让大家一起参与进来，在活动中了解产品、品牌和理念，并与其他用户建立联系。又如知名的零售商塔吉特（Target）的“Bullseye Gives”项目将数百万美元的处置权交到用户社群手中，向用户征集应该得到最大比例捐款的10家慈善机构。塔吉特听取了大家的建议，并切实根据投票份额对慈善捐款的去向进行了分配。

《体验经济》一书将顾客的体验分为娱乐体验、教育体验、遁世体验和美学体验，通常让人感觉最丰富的体验同时涵盖了这四个方面，而“甜蜜区”正好是处于四个方面的交叉点的体验。

有“品牌资产鼻祖”美誉的著名品牌战略管理专家大卫·艾格认为，我们需要创造一些事件、活动，找到双方共同的兴趣点，并鼓励顾客参与、讨论。为此，你需要通过对顾客的深入了解，寻求共同兴趣，以便找到可能的甜蜜区。例如探讨以下这些问题：

（1）人们如何消磨闲暇时光？

（2）喜欢从事哪些活动？

（3）哪些收藏对他们来说极其重要，足以反映其个性和生活方式？

（4）他们通常谈论些什么？

（5）他们对哪些领域有鲜明的立场？

（6）他们的价值观和信念为何？

与基于产品特性与消费者建立关系相比，与消费者的甜蜜区相连建立的关系更加丰富。对很多品牌来说，受功能优点驱动的粉丝关系更为脆弱，甜蜜区计划的存在使品牌与女性消费者之间形成闺蜜般的关系——我们不能像以往一样站在高处跟粉丝说“我最棒”，而要让粉丝成为闺蜜，说“我们很好”——对于女性来说，“闺蜜”情感源自参与、共享，是深入和持久关系的最佳表现。

托社交媒体之福，新一代的女性消费者展示了她们积极参与的热情——她们乐于扮演你的闺蜜。你所需要做的事情是，满足其参与的需求，创建可以参与的“甜蜜区”，有效推动双方关系的闺蜜化。

露露柠檬的创始人丹尼斯·威尔逊创业之初便坚信好产品本身需要“故事”支撑，而当时还没有太多体育品牌可以精准捕捉女性消费者对运动产品的“情感诉求”，这就给了他更多机会。他说：“我们努力为顾客营造温馨、快乐的‘社区’感觉，这样消费者与品牌间不再是单纯的买卖关系，更像是闺蜜。她们来这里就像‘聚会’，购物不过是日常习惯动作。”

维基百科：用户主导的互联网平台

网络社交时代迎来了一种全新的品牌发展模式，这种模式类似于软件界开放源代码的运动——软件设计师们以开放的态度将程序原始码公开，任何人都可以取用甚至修改。

在这方面，“维基百科”是典型代表。

百科全书按照传统认识，总得是那种做学问做到独步天下的人才有资格编写的。十八世纪法国以狄德罗为首的一帮思想家被称为百科全书派，不就是这么来的吗？维基百科可不这么干，把词条编辑工作全部交给网民。所有词条，任何人都可以参与编辑，每个词条永远处于被修改、完善的状态。如今，该网站提供了包括250种语言在内超过900万的条目，成为世界上最常使用的参考资料之一。参与网站创建和维护的贡献者都不计报酬，他们的总人数接近30万。

第三节　基于“协作开发”的甜蜜区

社交媒体所带来的便利，使得顾客参与开发产品成为创建甜蜜区计划的第一个切入点。

让女性粉丝扮演“闺蜜”的角色，让她们参与到产品开发中来，一定程度上甚至担当品牌建设的主角，这种可能性根植于网络社交所释放出来的用户内在能量：人们尤其是新一代并不像我们想象的那么自私，关键是你能不能给他们一个价值创造机制，让他们去展现才能。金钱虽然很重要，但如果某件事能满足人们一些心理、社会或者情感上的需求，他们也能从中获得极大乐趣。

一些深谙粉丝经营之道的企业已经贡献了十分精彩的案例。

1. 波比·布朗让粉丝投票决定推出哪种唇彩

波比·布朗（Bobbi Brown）这个化妆品品牌在 Facebook 进行了一场促销活动，以让粉丝作主的方式来帮助公司判断重新生产哪一种类型的唇彩产品。该公司的 CEO 波比·布朗在公司的 Facebook 上传了一个视频，并邀请该公司近 25 万粉丝从 10 种最常被使用的颜色中选择一种他们最喜爱的。

该网上投票活动对该公司的 6 个销售渠道国家开放，包括美国、英国、韩国、日本、德国及澳大利亚。因本次活动的结果而在随后生产出的产品通过 Facebook 渠道独家出售。

2. 奥利奥让粉丝决定产品设计

为了庆祝奥利奥的百年诞辰，纳贝斯克公司在 100 天之内，围绕每天的热点话题发布一款饼干设计。每天早晨，公司邀请人们提名当天的新闻主题，同一天晚些时候再让人们投票宣传他们最喜欢的设计。与此同时，天才设计师们便调制出一幅幅让人垂涎欲滴的广告作品。活动的参与门槛极低，任何人都可以提供他们的思路。奥利奥的 Facebook 页面分享量比活动开始前三个月上升了 4400%，这其中有很多人是立刻关掉电脑出门买奥利奥。

3. 高洁丝鼓励用户进行创意

金佰利公司旗下高洁丝卫生巾特意创建了一个名为“U”的网站，用来征集广告创意，展示产品的使用效果，并鼓励用户分享自己的经验。从 Facebook、公司官网到在线广告，所有内容设计都以互动共享为基础。公司甚至还为年轻人专门开发了一款软件，鼓励他们自主设计包装，这一活动居然赢得两万多人的参与。活动推出第一年，高洁丝的销售额上升到 7500 万美元，市场份额达 4%；2012 年 8 月，市场份额上升至 7.8%。

4. 琼斯苏打水将粉丝拍摄的照片印在标签上

总部位于西雅图的琼斯苏打水公司擅长推出怪异口味的饮

料，之前的经典口味包括冰激淋味、火鸡味、肉汤味、玉米饼味等，配合极具个性的包装，饮料销量通常意外的好。该公司在网上宣传："在发展过程中，琼斯公司认识到世界不需要另外一种饮料，因此当务之急是让顾客感觉到琼斯是他们的苏打饮料。"琼斯公司邀请年轻顾客为他们的产品设计广告，并将顾客拍摄的感人照片印在软饮料的标签上。

浏览公司网站的人可以按照1～5分的标准给顾客提交的标签评定分数，然后公司每周挑选大约50张深受网民喜爱的照片并用到产品标签上。这些优胜者能够在北美洲的商店里看到他们的照片被印在标签上。顾客给琼斯公司发了数百万张照片，出现在网站上的照片只是其中的一小部分。

这些案例中的粉丝都乐在参与，一切正如琼斯苏打水创始人彼得·范·斯托克所说："由于带有照片的标签使得我们的消费者能够与这个品牌形成密切的关系，从而让每一个人获得拥有的感觉，因此这种方法是非常重要的。它真正地让我们有别于竞争对手，而且在情感上促使我们与顾客关联在一起，而在我看来，这种关系是品牌的精髓，对于琼斯公司来说，在标签上印照片是必不可少的。"

作为粉丝，他们是价值享受者，但他们更希望成为价值创造者，哪怕做这件事是义务劳动。这就是马斯洛需求层级中"自我实现"的核心含义：人们需要发挥自己的潜力，表现自己的才能。只有当人的潜力充分发挥并表现出来时，人们才会感到最大的满足。

《HOW 时代》的作者多弗·塞德曼说："深入和持久的关系注重协作和合作。"同学和战友的关系有时能超越亲人，原因就在于此。

如今，个性化定制也逐渐成为顾客参与的重要方式。如多芬曾推出"冬日闺蜜定制装沐浴乳"活动，闺蜜可以通过天猫官方旗舰店品牌站的晒图功能，上传双方合影照片，定制瓶身印制着自己与闺蜜合影的多芬沐浴乳。

除了这种在产品设计上高度强调顾客参与的模式之外，那些需要用户参与选择、决策才能提供个性化解决方案的产品，也能获得很高的粉丝认可度。珠宝首饰品牌潘多拉的顾客可根据自身喜好，选择上千款风格各异的吊坠、串珠进行个性化拼搭，串成自己喜爱且能代表自身风格的样式，完全不必局限于品牌设计的固有款式。这种做法实际可以增加消费者参与感，让他们能够主动为选购手串附加情感价值，如一条基础手链最多可串 17 个"Charm"串珠，纪念手串主人生活中 17 个不同寻常的时刻。此外，在首次购买后，消费者又可以根据节日、心情的变化，不断更换吊坠和串珠。

第四节 基于互动社区的甜蜜区

搭建互动社区，是甜蜜区的第二个入口。互动社区不仅为用户创造持续参与的契机，反过来平台的集体智慧也能强化用户与品牌的黏度。

“夏天宝宝总是这边抓抓那边挠挠，怎么办?”“夏天宝宝身上总是黏糊糊的，怎样洗澡才算正确呢?”“宝宝总是闹着要出去玩，又怕被紫外线晒伤，到底如何是好呢?”面对这些问题，很多新妈妈会不知所措。强生婴儿“新妈帮”和雀巢创建的集资讯、指导、互动交流为一体的社区平台“巢妈团”，都为新妈妈们互帮互助提供了网络平台，提升了用户对品牌的依赖度。

淘宝服饰店“绽放”的交流区“后花园”，曾是淘宝最热闹的一个交流区。大家在一起聊生活点滴，发布影评、书评，气氛相当热闹。在店主的经营下，绽放成了一个网上咖啡馆，聚拢了一批有共同爱好的文艺青年。在这个部落平台上最核心的元素则是“旅游”——这是所有粉丝的共同话题，产品只不过是把大家聚集在一起的一个媒介。粉丝们经常互晒旅行经历，分享旅途中的故事、经验，这就像一个热爱旅游的人组成的圈子。基于“旅游”这一共同兴趣，绽放将品牌的消费部落打造成粉丝们温暖的精神家园。

有些品牌则致力于构建网络社交平台，以强化女性消费者社群互动。

知名化妆品品牌悦木之源在社交媒体公布主页时，在Facebook上的粉丝差不多有50万，Twitter上的追随者差不多有两万个。这些虚拟社区会庆祝新产品的发布，公布演唱会及其他重大事件的消息，为消费者提供交流产品使用经验的平台。消费者也可以在这些社交媒体网络中提出自己的需求，例如要求恢复已经停产的产品线，就美容或者护肤方面的问题请求帮助，还可以发现自己的哪些朋友正在使用该品牌的产品。

这些品牌已经抛弃过去那种反复销售产品的理念，转而思考如何创建社区平台，立足于用户的兴趣爱好，创造顾客参与机会，使品牌成为女性生活节奏的一部分。

如何吸引消费者参与在线互动是企业建立在线品牌社区最为关注的因素。从Twitter、微博到进入企业在线品牌社区，消费者的在线参与行为沿着一个循序渐进的互动轨迹发展——消费者最初的品牌卷入度并不高，参与行为仅限于点赞或是阅读企业在社交媒体上的品牌介绍信息；消费者若对企业品牌发生进一步的兴趣，则会迅速地通过产品评价、分享、回帖与转帖等行为来实现互动；最终消费者有可能越过一条分界线，从社交媒体进入企业自己的在线品牌社区，高卷入度地参与社区互动活动，并明确地表明自己对品牌或产品的需求，最终成为该品牌的宣传者。

当然，消费者社区不仅局限于线上网站或论坛，而是更多地深度参与的线下活动。

露露柠檬在曼哈顿的 Bryant 公园里，每周举办两次开放式瑜伽课程。每次大约有 400 名女性参加，这些参与者大多穿着露露柠檬品牌的瑜伽服装。露露柠檬还常年举办各种免费瑜伽、普拉提及 SALSA 舞蹈练习班，普及健康运动的理念与方法，努力为顾客营造温馨快乐的社区感觉。顾客和品牌间不再是单纯的买卖关系，更像是朋友和伙伴。女人们光顾露露柠檬就像“串门”，买东西不过是日常的习惯动作。露露柠檬独特的商业模式就在于社区经营和顾客参与感，让消费者对它产生依恋和感情。

慧俪轻体（Weight Wachers）是一个声誉良好、可信赖的 10 亿级美元的减肥品牌，在美国其用户平均每周花 12 美元～15 美元，许多人一年后仍付费保留会员资格。这家公司基于这一理念创立——女性是社交型群体，在志趣相投的朋友的支持下，会更成功地维持健康的饮食。

慧俪轻体节食计划的核心便是互动聚会，也就是其甜蜜区。聚会每星期召开 1 小时，是一种开放性的讨论，会员能针对节食分享她们的想法、窍门和恐惧，还有关于健康、饮食和减肥的报告会。这项计划不昂贵，每星期低于 10 美元。它很便利，全球每星期有超过 5 万次聚会，任何会员都能找到一个适合于自己的日程安排时间和地点。这种互动聚会由专业老师或减肥成功者带领，减少减肥期间孤军奋战的痛苦。从长期来看，这种方式也培养出一群死忠会员。根据英国一项相关研究，33 名过重或肥胖的参加者，一年后有 20 人仍持续付费加入。

参与型的互动社区，之所以能提升粉丝忠诚度，其关键在于创造了**“顾客与品牌的共同回忆”**。

比起过往的营销方式，社区互动最大的特点在于，通过有趣内容的呈现，与消费者之间保持持续且深度的沟通，提高消费者购买的意愿。贝恩咨询公司曾针对超过 3 千位消费者的研究调查发现，消费者在有使用社区与客户交流沟通的企业上，比未使用社区的企业，愿意多消费 20% ~40% ，同时对于这些企业，也给予较高的评价与客户忠诚度。

社区魅力的另外一个来源在于制造仪式感——接受社区的观念或是通过入会仪式——要做一些让粉丝觉得“值得”加入的事。举例来说，宜家家居有个庞大的品牌部落，要成为其中一员，你必须愿意写下复杂的代码，在巨大的仓库中找寻你要的东西，忍受长长的结账队伍，将又大又重的物品塞进车子载回家，然后依照通常很难懂的说明书自行组装。生机勃勃的宜家家居部落成员都将这种种不便视为荣誉的徽章，而不是到别处购物的理由。

社区会发展出自己的入会仪式和成长仪式，以及不同的阶级，让成员在这里找到更大的人生目标和归属感，把一个从不挑选品牌的消费者变成一个品牌狂热分子。

第五节　基于社会公益的甜蜜区

苹果公司的前任高管盖伊·川崎曾说："苹果电脑一开始是一个梦想；后来，它成为一个产品，得到了忠实追随者的鼎力支持；最后，它成为一项事业，得到了无数苹果电脑的福音传播者的大力宣传。"

这种在某一项比自己更重要的事业中履行自己责任的意识也会有助于帮粉丝获得更大的满足感。同时，这种意识也会促使他们传播公司的福音。这就需要企业紧扣这一心理需求，创建基于社会公益的甜蜜区计划，为粉丝和社会事业之间搭建桥梁——通过导入社会公益，在企业经营中植入"善因"，已经成为让粉丝与社会事业建立连接最为重要的选择。

以公益为切入点创建甜蜜区，主要有以下四种做法；

1. 公益与商业经营关联

要让粉丝与某一项更重要的社会事业连接在一起，不一定非得成为"乐善好施"的品牌，你可以自主实施支持社会公益事业的商业实践和经营活动。

梅西百货公司在纽约的旗舰店举办独特的产品发布会，以此回报社会。他们没有按照典型的模式展示供应商的产品，也没有供应商的叫卖，而是邀请来自非洲的女士现场编织篮子，引得顾客争相购买。这种做法引发了顾客的共鸣。

英国零售巨头玛莎百货发起的“换购”（Shwop，Shop与Swap的合成词）活动就是一个典型的例子。这个活动鼓励消费者在冲向商店购买时髦服装时，选择“以旧换新”的方式。为了方便消费者参与其中，玛莎百货和国际组织乐施会签约合作，在门店中设立了“换购回收点”。但是，你很可能会最终决定不买新衣服，继续穿旧的。

这就是一个良心企业的典型例子：公司宣传的是社会公益而不是自家商品，甚至在一定程度上压缩了对自家商品的需求。作为英国最大的服饰零售商，玛莎百货必须对社会负责，因为公司采取的每一项措施都处于公众的严格监督之下。消费者早晚会开始重视环保可持续性，玛莎百货最终会因此而受益。

玛莎百货的CEO马克·博兰德对该路线十分坚定：“我们正在引领一场变革，变革我们所有人从今往后购买服饰的方式。”他希望，这次活动最终能实现所有门店每卖一件新衣就回收一件旧衣的目标。“对我们来说，那就意味着每年要回收3.5亿件衣服。”他说，“数字很大，但只要有客户的帮助，我们就能做到。”

2. 公益事业关联营销

出于执行的便利及与企业关联度的考量，“公益事业关联营销”的模式逐渐被更多的企业所接受。这一模式于1983年由位居全球500强的美国运通公司开创。当时，该公司提出了一项创新计划来资助修缮被风化的自由女神像。通过从特殊信用卡进行的每笔交易中捐出1美分，这个创新计划总共募集了1900万美元，并大幅提高了该公司信用卡的用户和交易数量。

这种模式的核心是：企业把货币或实物捐赠与产品销售或其他消费者活动挂钩，以有效的营销方式将用户纳入其中，共同支持有价值的公益事业。

由雅诗兰黛发起、众多知名品牌响应的“粉红丝带乳腺癌防治运动”，所有参与的品牌每年都会推出一些限量纪念版的产品来配合宣传这个活动，而售卖这些产品所得的部分收益也将捐献给乳腺癌基金会。

从1996年开始，在每年的夏、秋季节，宝洁公司都会在全国大中城市携手下游零售商业伙伴，开展一年一度为希望工程筹集善款的义卖、捐资销售活动。该活动以卖场为公益平台，方便消费者在购物的同时成为希望工程捐助者。活动期间只要消费者购买宝洁产品，宝洁公司即拿出部分利润代替消费者向希望工程捐赠。

丹麦珠宝公司Ole Lynggaard实施的my friend计划，将一只企鹅项链收入的10%用来解决全球暖化后的非洲缺水问题。

科颜氏通过与全球100多个机构合作，号召其遍布全世界的消费者共同关注弱势儿童，关爱与环境保护等问题，譬如：与Jeff Koons携手合作，推出限量版经典润肤系列，所有收益均捐给国际失踪及被剥削儿童中心Koons Family Institute，鼓励他们组成全球机构网络，达成防止儿童被剥削及虐待的使命；与纽约著名艺术家KAWS携手合作，将限量版经典润肤节日系列的全数收益捐出，为儿童创建更安全的生活环境；与好莱坞著名影星布拉德·皮特合作推出 Aloe Vera Biodegradable Liquid Body Cleanser，将 25 万美元捐给 JPF Eco Systems 环保基金会用于重建新奥尔良。

3. 公益推广

通过提供资金、实物或其他资源的方式进行推广，以达到提升大众对某个社会公益问题的了解和关注，支持某些事业的筹资、参与或志愿者招募的目的。例如安利“为 5 加油——学前儿童营养改善计划”，通过向中国贫困地区 3 ~5 岁儿童发放营养补充剂，同时开展营养健康教育，帮助贫困儿童获得必要的营养支持。

当然，有些企业也会找到一个与当前产品毫无联系或联系甚弱的项目进行赞助，虽然不能直接参与到品牌自身的经营与营销活动，但却能让消费者与有价值的社会公益发生联系，并通过参与推动其发展。

韩国爱茉莉太平洋是一家具有国际影响力的化妆品企业，发起了一场以防治女性“两癌”为目的的公益活动“茉莉跑”。参与者在报名时所支付的报名费悉数捐入“爱茉莉太平洋女性专项基金”，用于贫困地区女性“两癌”筛查及术后康复等女性健康公益活动。

4. 企业社会营销

为那些旨在改善公共健康、安全、环境或社区福利的行为转变活动，提供开发或实施方面的支持。这类活动的关注点在于行为方式的转变。

如今，新妈妈们不再急于给宝宝断奶，即使在她们需要重返职场的时候，也会选择把带着体温的母乳背回家，人们称她们为“背奶妈妈”。

强生婴儿新妈帮发起“支持背奶妈妈行动”，通过社交网络呈现背奶妈妈的困境引发社会关注，提倡在工作单位及公共场所建立更多母婴室，为职场及出行的背奶妈妈们打造7平方米的哺乳空间。

制作并向公众发放“临时哺乳室”门贴，背奶妈妈只需随手一贴，就能将任何限制的空间变成临时哺乳室。

推出哺乳地图，让网友分享身边的哺乳空间位置，方便背奶妈妈及时找到最近的哺乳室。

借助社交媒体的力量，强生为用户解决困扰，深度关怀、制造感动，因而与粉丝建立更紧密的心理连接。

塔吉特百货每年都和全美教育协会合作，推出全美读书日活动以鼓励年轻人多读书。公司在全国范围内开展主题活动，邀请孩子和家长到塔吉特参加“苏斯博士讲故事”活动。在活动中，孩子和家长不但能领到免费赠送的包，还能听到工作人员绘声绘色地讲述苏斯博士的精彩故事。塔吉特百货和与相关机构合作推出“同阅一本书”活动，鼓励世界各地的孩子和家长在家中、学校或小区在同一天一起阅读同一本书。

菲利普·科特勒与何麻温·卡塔加雅伊万·塞蒂亚万合著的《营销革命3.0》中提出：为消费者提供意义感将成为企业未来营销的价值主张。在互联时代，为粉丝创造“有意义”的营销，是强化忠诚度至关重要的策略。

公益的目的是社会造福大众，借助商业品牌恰当的支撑，可以让更多的人，尤其是普通人和弱势群体受益。由于参与到某一公益项目当中，充满爱心的女性粉丝可以大力支持比自己更重要的事业，因而获得某种自我实现的感觉。

马斯洛在晚年把他的需求层次理论由5级扩大到8级，最高一级是“超越自我”，即几乎在精神上感到你在这个星球上所追求的是某种超越自己的个人需求的东西。这种感觉给粉丝带来更强的满足感，并改善自我身份的认知，这将强有力地激活其对品牌的认同。

第六章
信任圈

大连接，大认同

信任缺失的时代，女性消费者更希望从自己的社交“信任圈”寻求慰藉。通过女性社交圈具有说服力的人士提供产品证言、表达认同，并制造社群效应引发强烈而广泛的“社交认同”交叉感染，可有效强化顾客忠诚度。

第一节　进入粉丝社交“信任圈”

为了证明欧莱雅的新款防水睫毛膏的确效果出众，欧莱雅发起了一场“防水实验”，邀请了100个女性来电影院观看一部感人的电影。所有的女生都会在看电影之前，统一由欧莱雅的工作人员化妆，当然其中必不可少的步骤就是给她们刷上这款防水睫毛膏，然后在她们进电影院之前让摄影师给每个人拍一张照片。

之后她们将进入电影院共同观看一部电影，当然是一部凄美的爱情故事。虽然在视频中没有指出这部电影是什么名字，不过根据字幕的提示，许多网友都推测这部电影是《泰坦尼克号》。情感充沛、泪腺发达的女性自然会为剧中的杰克和露丝情不自禁地流下泪水，一般情况下女孩都会哭花妆，特别是刷过睫毛膏的眼睛哭花之后简直是灾难。而这一次她们从电影院里出来后再拍一张照片，对比后发现两张照片几乎没有差别，眼妆依旧完好无损。

欧莱雅的做法讨喜又幽默，既证明自己的产品能让顾客轻松变美，又在短时间内证明妆容持久。

“你值得拥有”，向来喜欢用偶像巨星来建立品牌信任度的欧莱雅，这次选择了用普通消费者现身说法，让用户去影响用户。

贝琳达帕马的著作《小极客》讲的是女人和高科技产业的故事。该书认为女性消费者对大品牌活动充满不信任感。为了聘请女性品牌代言人，企业给超级巨星支付了许多钱，然而在女性消费者看来这只是一种营销伎俩。让粉丝代言能够让线下许多有影响力的女性谈论企业品牌，这种做法比广告宣传要有效得多。**在信任缺失的时代，女性消费者更希望能从自己的社交“信任圈”寻求慰藉，因此品牌应该努力成为女性社交圈值得信任的一员。**

过去20年来有个明显的趋势，那就是人们对广告更有戒心，而且不像过去那样信任企业，事实上这种情况相当普遍。研究学者Dan Ariely发现，对营销信息的不信任感，使我们对产品的观感蒙上灰影，即便我们的实际体验并非那么回事。他做了一系列的实验，询问人们“太阳是黄色”的陈述是否为真。100%的受访者同意这个陈述。然而，若这样的陈述来自宝洁这样的企业，人们便开始怀疑陈述的真实性。他们的回答会变成，太阳有时候是白色的，而且表面上有红斑点，所以太阳并非全然黄色。针对实际产品及营销活动进行了类似的实验，他发现，基于不信任感，人们甚至无法辨别出营销文宣里明显正确的陈述。

社交媒体时代，品牌商们开始意识到，比起广告，消费者更相信自己信任的人所推荐的产品和服务。

女性没有动力和精力去研究产品性能，她们缺乏可靠的信息、记忆力、计算能力及充分的产品知识来获取相关信息并优化决策。即使有，结果也一样，**比起优化购买决策，顾客更依**

赖于传递完善的信息和线索的“代言人”。

女人天生的依赖心理在她们购物时显得尤为突出。同一件商品买家的评价是一定要看的经验，如果有闺蜜好友大力推荐那肯定是必买不可，同时女人们也很乐意把自己的购买体验告诉身边的好友。

与粉丝建立连接，并进入其社交“信任圈”成为企业营销的重要使命。欧莱雅寻找普通用户为产品提供证言的做法，就是从消费者的社交“信任圈”着手，利用粉丝生活中的强关系与之建立强连接。

第二节　高信任度的连接点

20 世纪 30 年代，缅因州一位斯坦利家庭用品推销员在服务过程中偶然使用了一个销售技巧。那天他敲开了一位牧师家的门，由于家中正好在举办一场吸引教堂募捐者的招待会，牧师的妻子便请他过些日子再来。就在他转身离开之前，牧师妻子忽然提出如果推销员愿意将部分销售额捐给教堂，她便同意再次召集当天聚会的宾客，让推销员为他们做产品展示。这样一来，这位推销员便有了一位可信度高、说服力强的推荐人，并解决了最大的问题：客源。

要进入用户社交信任圈，最有效的做法就是在其身边寻找类似牧师妻子这种具有强大社交认同的人士。因为这类人与目标对象存在强关系，能成为品牌与潜在粉丝之间强有力的连接点。

另外，关于同一个话题的谈论人数较多，也会强化信息的接受度。因此，为提高信息的可信度，必须要有意识地让人们可以从不同的信息源听到同样的信息。网络社交使信息与发言者的数量更大规模地增加。在许多地方（网页）看到了同样的东西，所以信息的可信度也提高了。

《大连接》一书提出了社会网络的强连接原则，即“三度影响力原则”：“我们所做或所说的任何事情，都会在网络上泛起涟漪，影响我们的朋友（一度），我们的朋友的朋友（二度），甚至我们朋友的朋友的朋友（三度）。如果超出三度分隔，我们的影响就逐渐消失。同样，我们也深受三度以内朋友的影响，一般来说超出三度的朋友就影响不到我们了。相距三度之内的人之间是强连接关系，强连接可以引发行为。”相对于传统“六度分割”的弱连接，三度影响力属于强连接。**强连接可以引发行为，而弱连接只能传递信息。**

三度影响力是人类社会网络发挥作用的重要方式。而且，尽管技术进步能让我们接触到许许多多的人，但三度影响力会继续限制我们的连接能力。

基于三度影响力的大连接，社群效应得以产生。

知名社会学家罗伯特·默顿曾经指出参照群体会对个体产生“同化效应”——在与参考群体进行比较的过程中，人们的态度和行为会被别人改变，逐渐接近参照群体的态度和行为，这是个体在潜移默化中对外部环境的一种不自觉的调适。这就是我们通常所说的“近朱者赤”。

这就是社群的魅力——社群关系可大大增进传播信任度。曾有一个实验将两组人作对比，一组直接看新闻网站的新闻，另外一组浏览 Facebook 和 Twitter 朋友转发的新闻，结果打开新闻的比例基本是 1∶10，后者是前面打开的 10 倍。

同样的新闻，你在新闻网站上可能不会打开，但是当你的朋友转发一条在朋友圈，你会打开。为什么呢？因为有信任背书，这是我们今天做社交媒体的核心基础，就是因为产生了信任背书，而去信任与消费一个产品。

因此，我们应该寻找多种类型的节点，在用户周围建立“大连接”也就是“信任圈”，借助人际“连接者”强化粉丝的信任度，使得品牌与粉丝之间的连接更为紧密。

认为在社交媒体中粉丝比较多的人才具有高信任度的看法显然失之偏颇。信任度、连接力不仅仅取决于粉丝数量，专业知识、信誉及与粉丝的关系同样重要。

这些“信任的人”可以是朋友圈的好友或者各种领域的网络草根红人。根据麦肯锡的一项研究显示，这些连接者造成的口碑传播效应是付费广告的两倍，而吸引来的顾客则比其他方式招徕的顾客拥有高出37%的留存率。这些连接者在女性当中受认可的程度往往更高。

锁定这些人，可能比寻找少数的知名人士作为信息中介更容易与用户产生强连接。你无法一一辨识出这些人，也不一定要知道他们的名字，但你知道他们拥有适当的特质且对你的产品或服务有兴趣。与这些人发展关系，在用户周围构建“信任圈”。

根据《纽约客》专栏作家马尔科姆·格拉德威尔《引爆点》一书的说法，这种具有强连接力、高信任度的人士，可以分为影响者（内行）、联络人、推销员三类。

（1）影响者（内行）：主要是具备特定专业能力的人士，以及在某些在社交媒体上表现活跃的意见领袖，他们在时尚、运动、美妆和美食等细分领域凭借着自己的魅力积累了众多的粉丝。这个特殊的群体并非传统意义上的名人，但通过自己的努力也拥有了很多热情的粉丝。其中有些人善于利用网络媒体与粉丝互动频繁、关系密切，深知用户的关注点、兴趣点。加之拥有一技之长，往往能凭借其特别的见解影响大家对特定事物的看法，在兴趣爱好的大旗下聚集起一大帮忠实拥趸。虽然他们在大众层面的影响力不如偶像明星与社会名流，但也有着他们不可比拟的优势。对于企业来说，善加利用、互动合作，可深入触动特定消费人群。

（2）联络人：大多源自品牌的普通顾客或者粉丝，但是也千万不能小瞧这些普通顾客的力量。一个普通顾客能够影响自己朋友圈的几十个甚至几百个好友，而每一个好友又能影响自己的好友，这些普通顾客的口碑就像病毒传播，一传十，十传百。服务好这些顾客，品牌的信任度能够有效地得到提升。

（3）推销员：一般跟企业有着不同程度的利益关联，可能是内部员工，也可能是合作伙伴。这些人往往是玩社交媒体的能手，加之他们容易为人所忽略的“消费者”角色，若能善加利用，对强化品牌与普通用户之间的连接力也有不可忽视的作用。

找到这些连接节点，让其发挥催化剂般的作用，将粉丝身上的能量进一步激活，这对于1000铁杆女粉丝模式而言，有着重要意义——当他们参与品牌传播，发挥着意见领袖或者市场风向标的作用时，一言一行都能影响一批跟随者，不仅能传递营销信息，更能在受众中形成口碑，促使他们转化为铁杆粉丝。

第三节　关键影响者，非常连接力

不同于耐克、阿迪达斯等大公司花费上亿美元邀请体育明星拍摄广告、做活动，露露柠檬用了一种更草根的方式来吸引当地消费者。从 1998 年成立以来，该公司就制定了一个大使计划。在进入一座新城市开店之前，露露柠檬会先和当地的瑜伽教练或者其他健身课程的教练接触，为这些教练提供一年的免费服装，而后者则担任露露柠檬的“形象大使”。他们不仅在学生面前穿着露露柠檬的服装，并负责向公司提供有关设计方面的反馈意见。此外，他们还可以代销露露柠檬，并给予购买者一定的奖品，比如提供免费的瑜伽课程，这样让顾客对品牌更忠诚，建立起一种“友情”，丰富了品牌的体验，并提高了顾客光顾的频率。

这种推广方式简单而有效，这些品牌大使和他们所处社区的联系十分紧密，通过这种方式更加有效地扩大品牌影响力。在这样的营销策略下，露露柠檬的宣传视频也是以普通消费者和瑜伽教练作为主角，他们相信，足够有格调的产品定位和已有消费者的影响力，可以让现有市场更加成熟。

Skin Ceuticals 最为人熟知的名字是杜克，进入中国市场后的译名是修丽可。其创始人知名的杜克大学皮肤学荣誉教授谢尔顿·皮纳尔在对皮肤癌的研究过程中，发现了保存精纯左旋维生素C的配方参数，于1997年创立修丽可品牌，其“杜克抗氧化专利”一直被抗氧化领域使用至今。

修丽可本来是配合激光美容等皮肤问题、医美手段的恢复性产品，能够缩短患者的恢复期。相比大众品牌，“专业”是这个品牌的显著特点：

一是成分专业，高浓度成分，针对专门的皮肤问题；

二是渠道专业，主要是由皮肤科医生、医学美容诊所和高档SPA中心的皮肤专家推荐使用；

三是使用专业，有专门明确的使用流程和顺序。

修丽可首先坚持的就是聚拢医师资源，充分发挥他们的专业影响力。他们会在春雨医生等社交平台上与医生意见领袖进行合作，让其加深对品牌的了解，或者在健康类APP、论坛上形成医生的口碑。他们甚至还创办了“修丽可专业精神奖荣誉颁奖典礼”，通过评选选出具有专业精神的顶尖皮肤科相关医生。

如今，随着社交媒体的普及应用，越来越多具有特定专业能力的人开始在网络空间发挥出非一般影响力。

化妆品连锁销售企业丝芙兰的“美丽心语”社区是一个供粉丝们在线交流的网络论坛，一个网名叫“katie1724”的网友可以说是这里“名人堂”的成员了。在2013年6月前她给出的“心”（相当于Facebook里的“喜欢”）超过了4，000多个，基本上每天都会发帖、回帖5~10次。从腮红的浓淡到季节面霜的好处，她基本上就相关的一切都会发表自己的见解。

“katie1724”的真身名叫凯蒂·玛吉尔斯基，是美国匹兹堡市一名法律助理，喜欢丝芙兰的所有产品。她在侨居法国期间开始使用丝芙兰的产品，后来把丝芙兰的网络社区当成了一个创造性的社交工具。

凯蒂·玛吉尔斯基这类消费者在互联网及社会化媒体上非常活跃，非常乐于与别人交流品牌信息，积极地担当品牌推广大使的角色。他们虽然占比很少甚至不到用户数量的1%，却是最强有力的营销义工。他们在现实中往往都是忠实的消费者，如凯蒂·玛吉尔斯基每个月大约都要花100美元购买丝芙兰的产品；但是他们的价值绝对不只在于其购买力——凯蒂·玛吉尔斯基这样的“超级粉丝”之所以被他们最喜欢的企业盯上，绝非口袋里的钱，而是因为这些粉丝已经成为协同营销、协作消费的主力军。

发掘用户中的超级粉丝，借助社交媒体，将其转化为关键影响者，是十分值得关注的做法。

母婴平台宝宝树初创时，育儿知识的欠缺成为必须要解决的一个问题，但是由于没有自己的亲子和医疗专家团队，难以形成活跃的分享文化。宝宝树认识到专家不是解决问题的唯一途径，由用户传递的经验价值可能会更大，于是运营团队从后台数据挖掘出最积极活跃的用户，除了向这些用户推送她们擅长的问题，还会抽出时间与她们一对一沟通。这部分用户成为宝宝树问答社区的第一批意见领袖——她们感到自己被重视，产生巨大的成就感，最后在社区为大家解决问题成为她们生活的一部分。

很多妈妈们凭借富有强烈个人色彩的优质育儿日记，在宝宝树里聚集了一定数量的粉丝群，成为社区中有影响力的领袖，被视为母亲们的育儿标杆。她们不仅在宝宝树内的粉丝群达10万人以上，也曾接受杂志、电视的采访、出版自己的书籍，把个人名气和影响力推向新高。

据咨询公司研究，像记者和分析家这样的传统影响者现在只占不到影响者总人数的一半，而在20世纪90年代的时候，他们的比例几乎占到了80%。这就意味着企业营销人员必须去思考谁能从优势媒体宣传、换位思考等各个层面影响消费者。我们需要了解所有能产生群体影响的人，并通过他们影响其他人。

在社交网络时代，传统媒体将其话语权向消费者让渡，当然其中很大一部分是让渡给粉丝中的影响力人士，如知名博主、民间时尚达人、专业领域的意见领袖……他们不仅拥有大量粉丝，更熟练运用社交媒体，在普通消费者的社交信任圈中还发挥着举足轻重的作用，因而成为网络达人。尤其在女性消费品领域，网络达人更是一个活跃度极高的群体。

对于这类关键影响者，通常需要利用对社会化分析工具来定位，像在微信、微博、论坛这类非常流行的社会化媒体上，非常容易找到这些具有影响力的人。他们通常是一些自媒体的创造者和管理者，他们发布的内容（微博、博客、论坛、视频、照片等等）一般会覆盖某一特定的类别。企业可以通过分析社交话题的聊天记录找到这些潜在的影响者，当然要按照话题类别来搜索，而不是按照品牌或产品名称来检索，因为这些意见领袖此前并不需要关注你的品牌或产品。

作为网络上的一个特殊群体，网络达人的粉丝群体对他们情感认同度较高。粉丝为达人的个性所吸引，也为他们的专业能力所折服，因此企业在与他们合作时，应充分结合他们的特色优势。例如，为了配合新款香水 Si 的营销，阿玛尼找来了三位在图片网站 Instagram 上颇具影响力的时尚博主为香水制作个性化的 Instagram 视频。他们都是在时尚和美容领域的世界顶尖博主，并且常年受各大奢侈品牌之邀参加活动或者合作——产品属性与网络达人的专业高度匹配。

当然，作为被粉丝所深度信任的群体，他们也十分珍视这份信任。在与他们合作时，企业与之合作应该让他们保持客观立场，不应过度要求他们使用溢美之词来分享品牌产品。

要充分发挥关键影响者的价值，企业应该深入洞察其内在需求，深度挖掘其潜能。以下三种方法可以更多地被应用到实践中去：

（1）创造发挥其才能的机会，凸显其个人价值，如举办各类才艺大赛，使之脱颖而出。

（2）彰显其意见领袖的身份与地位，如建立“达人”之类的身份识别制度，帮助提升个人影响力，满足其“自我实现”的内在需求。

（3）适当的商业化，使之获得一定的利益，但采取这种做法时不能过于功利化，应保持其应有的公正性，否则其作为意见领袖的信誉很快就会被透支。

菲报道：拥有“淘宝博物馆”的铁杆粉丝

2014 年 9 月 19 日阿里巴巴在纽约证券交易所挂牌上市，邀请了 8 位粉丝一起参与上市敲钟仪式上，其中有一位名叫乔丽的 80 后女孩。乔丽称自己为淘宝头号铁杆粉丝，是 10 年资深会员、购物狂和淘宝收藏狂。她经常说：“饭可以不吃，宝不能不淘！”淘宝网友们都叫她“菲报道”。

乔丽的家里居然腾出一个房间，放满了阿里巴巴历年来的吉祥物、参观证、书籍、衣服……小到一支笔、一张便签条，大到活动会场展示板她都要收回来。“有一些参加会议的纪念品，有一些是好不容易淘来的，也有从淘宝二手买来的淘公仔。”乔丽说，这个地方叫“藏淘阁”，见证着阿里巴巴成长的点滴。

乔丽更是阿里巴巴相关产品的“首席体验员”，什么新产品一出来，都要第一时间体验。她说体验好了才能写教程分享给更多人。从旺旺群到来往、手机淘宝，每个产品总能在第一时间看到她的使用点评。

乔丽还是阿里巴巴的“质检员”。无论是产品还是事情，她这个直肠子都要第一时间说出来，说找到不足才能让阿里巴巴更好地进步。

2004年，乔丽因混迹淘宝社区，狂爱写原创帖而人气飙升。

2005年，因为报名参加淘宝周年庆典、第2届网商大会、淘宝狂欢节等活动，在论坛发表的“现场分享”反响热烈，乔丽成立自媒体“菲报道”，把自己看到淘宝上有意思的事分享给更多人。

“菲报道”成立以后每天都生产原创。乔丽还是第一位在淘宝论坛做“钻石卖家访谈”的人，这是淘宝社区最早的访谈类栏目，当时曾掀起了访谈热。

乔丽说，自己的理想是做一个“桥梁”，让更多人通过她的“菲报道”更好地了解阿里巴巴。“商家遇到一些问题，我也可以告诉阿里巴巴，我也想汇聚志同道合的人，希望将来有自己的团队。”

另外，乔丽表示自己很希望借助阿里巴巴的平台，不仅帮助更多人卖货，也能帮助民间雕塑、陶艺、剪纸、葫芦等非物质文化遗产得到传承。

乔丽是一位陪伴了淘宝10年的忠实消费者，在接到阿里巴巴去纽约敲钟邀请的第一刻，她表示：“兴奋到语无伦次了。因为忙着跟淘宝恋爱，现在自己还是单身，最大的愿望是能够找到一位知心的男友，感谢这次机会，帮助我全球征婚。”

第四节　联络人，口碑分享先锋

宝洁公司拥有大规模制造和销售快速消费品的本事，正如其在官网上所宣称的那样："我们在全球服务50亿消费者""我们的产品销往180个国家和地区"。不过，这家公司在让粉丝担任营销义工方面的本事也非同一般——聘请大量的妈妈和青少年担任口碑分享的先锋人员，为宝洁公司的产品，也为其他公司的产品做宣传。

俄亥俄州哥伦布市的唐娜·韦瑟尔就是其中一名"妈妈联络人"。她在一家客户服务呼叫中心工作。在这里，她被称为"优惠券女士"，因为她经常向她的300名同事赠送宝洁的优惠券，并和他们分享有关新产品消息。而且，同事们对她的到访也颇为欢迎。

宝洁公司的口碑营销中有两个重要的角色：Vocal point和Tremor。Vocal point是宝洁推出的一个女性社交网络，旨在帮助家庭主妇和妈妈们更好地获取产品信息，并对产品服务进行反馈。该网络主要关注的是宝洁公司的产品，宣称自己已经有500，000名妈妈成员，并且她们的孩子都在19岁以下。Tremor则更看重客户做出的贡献，如今已经吸引了250，000名青少年加入。

凭借专有的搜索技术，宝洁不难找出爱社交、朋友多的青少年和妈妈们。一般的青少年的即时通讯上大概有25个朋友，而一个典型的“青少年联络人”一般都会有150~200个一有消息就联系的朋友。一般而言，“联络人”的社会资源网络是常人的5~6倍，其言论在该网络中具有一定的影响力。为了识别一个“联络人”，宝洁公司的文件通常会排除90%的调查对象。这些“联络人”是不计报酬的，他们受第一时间聆听事件的吸引，并且能直接反馈给公司。

一次，宝洁在宣传新推出的一款能直接打出泡沫的洗洁精时聘请了Vocal point来组织一场营销活动。妈妈联络人看到产品后惊呼：“哇！这真是太棒了，我家小孩肯定愿意帮我做家务了。”在与朋友或同事聊天的过程中，联络人会提到自己有让孩子多做点家务活的“妙招”，然后，宝洁的新款洗洁精便自然而然地成为谈话的主题。最后的结果是，新款洗洁精在试销市场里的销量几乎翻了一倍。

2005年，美国乳业协会准备做一场全国性的宣传，鼓励青少年放弃碳酸饮料、多喝牛奶，从而减轻体重、降低体脂。Tremor在其中要做的工作是利用口碑分享，说服每天只喝一杯牛奶的青少年多喝一点。

Tremor给青少年联络人发送邮件，列举了每天喝3杯牛奶的益处，还发给他们白色的“3杯/天”的手环，让他们分发给朋友。青少年联络人开始通过电话和邮件等方式督促朋友参加“3杯/天”的挑战，让他们去下载一个点子日记，记录每天的进程，而参加的人确实也收到了包裹着杯子和手环的快递。结果是，很快就有150万青少年热烈地讨论起有关牛奶的话题。

原本是宝洁用来促进产品销售的方法，如今俨然已成为其他公司的利润中心。Vocal point 和 Tremor 的客户从事的领域各种各样，从谷类食品加工企业、电视节目《动物星球》到润滑油生产商。就像 Vocal point 首席执行官史蒂夫·诺克斯说所说："我们知道，最强有力的营销就是由一个信赖的朋友表达的对某一产品的支持。"

整体看来，大多数联络人对宝洁产品的评价都还不错。不过，宝洁公司还是无法控制他们实际上都说了什么。但是调查显示，美国人在讨论品牌时，赞扬的次数比批评的次数高出 6 倍，这对于企业来说无疑是个好消息。

像这类"联络人"，本身就是产品的目标用户，在大众文化、职场、学校等团体中有很强号召力，并且是在新信息发出的最初阶段就对它有所反应的人。其代表人群有职场中引领潮流的白领、爱时髦的女大学生、兴趣小组的领导人、社会团体的组织者、社区中的领导型家庭主妇等。

很多企业不具备宝洁这样的平台和技术，自然也不可能像宝洁那样去影响市场。但是，找到合格联络人帮自己与潜在用户建立连接，让品牌影响力由深层向浅层渗透、感染，让品牌与浅层用户之间的距离缩短，则是完全可以借鉴的方法。

在减肥品牌慧俪轻体的聚会中，通常会找到一组 20 ~ 30 位女性，全都处于减肥经历的不同阶段。一些人刚刚开始，另一些人已经在实现她们目标的路上。聚会的主持人是"带头人"，这些带头人是已经依靠方案获得成功的会员，她们能有效地分享窍门、体验和最佳实践。依靠这项方案成功减肥并保持新体重的女性被指定为“终身会员”，可以无限期免费参加聚会，其中许多成了聚会带头人。

有的企业已经敏锐地察觉到其中的机会。2011 年，总部位于英国的零售连锁店乐购（Tesco）收购了总部设在美国的口碑营销公司 BzzAgent。BzzAgent 已经招募了约 80 万名志愿者，他们签约表示愿意接受不定期的产品样本，这些样品大多来自大众消费品公司。他们被鼓励使用博客、Twitter 或其他社交媒体渠道宣传自己对这些产品的印象，但是并不会获得报酬。通过这次收购，不管乐购是否曾经利用 BzzAgent 来宣传自己的产品，都将获得大量有趣的社交网络数据及大批有效的营销义务工作者也即“分享”者。

闺蜜怀孕会在女人之间造成“传染”?

是的！

这事说来不可思议，但足以说明女人之间相互分享的特性到底有多强。

如果你的童年好友怀孕了，你的小腹也会很快隆起。这大概是因为在无意识中，她会对你怀孕的意愿产生影响。

这是发表在《美国社会学协会》杂志上的一项研究结果。“密友对女性做出生第一个孩子决定的影响非常大。”意大利博科尼大学的研究人员说道。根据他们的研究，密友怀孕对女性的激励性影响会持续三年，这一影响在第二年最大。

为了更好地研究这种影响关系，研究人员决定对女性和她们的密友进行成对研究，从她们15岁一直到30岁。一共有1700名美国女性参与了这项研究，其中820人已经有一个孩子。结果显示，成对的好友中，如果一人怀了孕，另一人在两年后怀孕生子的概率会增大20%。

研究结果的作者之一Nicoletta Balbo介绍说，这种“传染性”体现在三个方面。第一是社会影响，因为“很自然的，我们会与朋友做出比较。如果身边的好友都有了孩子，会促使我们产生为人父母的念头。”Nicoletta Balbo这样解释。此外，“好友们也是我们重要的学习对象。当看到她们选择了新生活，并逐渐适应父母的角色，我们也会更容易接受有了孩子以后的角色转换。”

和自己的好友同时怀孕生子还有很多益处。Nicolctta Balbo解释说：“和有同样处境的人分享自己的感受和经验能有效减少压力，并且会有一种得到支持的感觉。”但Nicoletta Balbo又补充说，相反的，如果你们是身边朋友中唯一一对没有孩子的夫妻，“你们会有一种被孤立甚至被排在朋友圈外的感觉”。

这一研究所揭示的女性容易相互影响的天性，让我们看到女性粉丝作为企业最宝贵的营销元素所蕴含的能量，就像一桶汽油，只等你点燃一根火柴。

第五节 推销员，透明交流

在华尔街的分析师们眼中，谁是微软信用最好的人？不是比尔·盖茨，也不是首席执行官。在关键时刻，他们最相信的是一个叫罗伯特·斯考伯（Robert Scoble）的人。罗伯特·斯考伯博得华尔街信任的独门武器就是他的网络博客，因他的Scobleizer博客而广为人知。

原本是微软普通职员的罗伯特·斯考伯，曾经全权负责微软的Channel9频道和网络博客宣传，帮助企业改善形象。最初他开博客完全是心血来潮，作为微软新人一名，看什么都新鲜，兴奋之余顺手写下普通职员对微软的批评和挑剔。这个憨厚面孔上架一副老实圆框眼镜的男人管大老板比尔叫“暴君”，把他比作统治着全球近乎98%的“领土”的“独裁者”。罗伯特和所有微软的用户一样鄙视且憎恨这个“暴君”，因为“暴君”把自己的软件解决方案强加于人，并且通过高利贷式的授权协议盘剥着整个世界。

因为敢说敢言，罗伯特·斯考伯得到圈内外许多“同道者”的认可，4000多个业内人士、1000多个网站把他的博客加入链接。数以万计的人订阅他的博客，看他高谈阔论整个高科技圈子发生的是是非非，但最主要的还是听他讲述发生在这个微软帝国角落里的故事及评点微软的得失，并且对其博客中的许多技术问题和见解进行讨论。他乐于回答每个评论和邮件，详细解答他人的问题。他经常批评微软自己的产品，甚至在其网络日志中讨论如何拆分微软公司，而正是这种公正和无畏的态度树立了他的个人公信力。

“暴君”比尔·盖茨看过罗伯特·斯考伯的博客后亲自打电话邀请和他谈谈——他被赋予了微软技术传道者的重任。

每一个公司都会有像罗伯特·斯考伯这样十分关注公司发展、充满热情且善于沟通的员工。在一个过度竞争、资源有限、品牌和客户通过社交媒体直接接触的环境里，企业应该让员工感觉自己是品牌的一个不可或缺的部分，并成为它的头号粉丝与头号传播者。

热情的员工通常是因为工作自豪感从而对品牌也产生热情，分享品牌信息能够体现优越感及他们当时选择的正确性。所以不要仅仅因为他们是现有的员工，就将他们排除在你提升品牌影响力的计划之外。

作为企业最重要的利益关系人，企业员工虽然在信息的客观性与说服力上不及其他外部意见领袖，但是由于其对企业的了解及与用户互动方面所拥有的便利，也使得他们在与用户、粉丝沟通时具有其他外部人士不具有的优势。网络社交时代，他们可以与消费者建立更个人化、更紧密的互动，更有效地将企业的理念与产品推销给用户，因而能强化企业与消费者之间的连接。

当外界对微软失去信任的时候，是罗伯特·斯考伯让大家重新认识了微软。在他看来，员工博客对于公司产品的提升有很大作用："员工个人博客的建立，能够让公司在全球的平台上一起和用户分享创意和信息，对于产品的开发和改进，有非常重要的作用。"

在一次以员工为主角的大规模社交媒体传播中，强生婴儿承诺移除婴儿产品中有争议的配方成分，借助"透明的交流"来触及"千禧一代"妈妈。

在题为"我们的承诺"的视频中，强生婴儿品牌的员工、强生公司其他员工协同他们的家人，一起在纸上写下对消费者的个人承诺（多数谈的是产品安全问题），然后用这张纸叠成一个个的纸鹤。

视频里说："我们和你一样，也是父母。听说你们非常关注我们产品中的某些成分。虽然我们的产品一直都是安全的，但是为了让你们安心，我们决定把这些成分从产品中移除。"

强生婴儿营销部门负责人在采访中称："我们发现，要想和'千禧一代'妈妈建立联系，真的需要变得非常透明。"并强调说："产品一直都是安全的。不过作为一名母亲，如果听到了关于某些成分的某些消息，并由此产生焦虑和担心，我对此表示非常理解。"这个视频的反响很好，很多博主在看视频的时候都流下了眼泪。

让善于沟通、充满热情的员工担任推销员，已经成为一些企业的重要策略。

露露柠檬在门店运营中，会要求店员充当培训员与顾客加强互动。他们会询问每位顾客“喜欢何种运动”“平时多久健身一次”，以帮其挑选适合商品，并在门店定期举办的运动课程中担任专属教练。在这些常年举办的培训班中，露露柠檬通过普及健康运动理念和方法拥有了大批粉丝。另外像国内的女性消费分享网站“美丽说”早期的创业员工都是其核心用户，有些已经成为网站达人。

在这方面，有个公司做得更好。澳洲时装公司 ShowPo——这公司的名称由 Show（秀）+ Post（发帖）的简写组合而成，可见其一开始就深谙网络媒体营销之道。

该公司创办人是一位年轻的华裔创业家 Jane Lu。她原本是在安永做财务的，却因为兴趣在网络上卖时装。

就像许多网拍创业家一样，Jane 辞去工作，从零开始，做了几年，到 2013 年年底，单靠卖衣服，已经达到 80 万美元月收入，而到 2014 年 4 月，更达到月收入 100 万美元。

这位创业家只请了 12 位员工。这 12 个员工，每人除了基本仓储及送货工作外，人人都必须当小编，还要兼模特。他们同时还必须身着 ShowPo 的服装参加派对，将自拍发布到社交网络上，然后发动其他网友自拍，贴到 Instagram 上面，记录下“iLoveShowPo”的标签，最后这 12 个小编将这些信息再收录到 ShowPo 的 Facebook 里头，获得超量的“赞”。

对于以女性作为主要消费群体的市场，作为天生爱分享的同类人，企业内部的女性担当推销者角色更为得心应手。

优势同样也是劣势，人们总会以怀疑目光审视作为内部利益相关的员工，因此确保内部影响者的市场信任度是关键——员工在发布信息时要尽量让信息真实可信。世界上没有完美的事物，企业也不例外。犯错就跟吃饭、闲聊一样，是人之为人的基本。这就像顾客差评，暴露出小小的弱点，越让人觉得这家公司值得信赖、值得互动。

实际上，企业利益关系人担任“推销员”，较常见的情况是企业 CEO，像化妆品电商网站聚美优品的首席执行官陈欧就是典型。当然，在这方面，由于企业领导人代表着整个公司，一旦其言论稍有不当便会对品牌整体形象带来严重的负面影响，因此也需要谨慎从事。

另外，企业的代理商、零售商甚至供应商当中，也有不少因对企业十分认可而担当推销员角色的，也应予以挖掘利用。笔者以咨询顾问身份合作过的一家公司，有个女代理商自企业成立以来便与之一直合作，至今已近 20 年，十分珍视这个品牌。这位女代理商会将品牌每年出品的黄金单品收藏，客户屡屡将其作为榜样推向前台跟其他合作伙伴沟通。

当然，找到了这些利益关系人并赋予他们这些职责，不意味着就能自然而然发挥影响力。企业还应认识到“授人以鱼不如授人以渔”，在为他们提供相应的信息及内容素材的同时，为他们提供更深入的专业知识、营销沟通、自媒体应用等方面的培训，帮助他们提高分享能力与技巧，也十分必要。如此，当他们和消费者互动沟通时，才能表现得更出色。

第六节　社群，社交信任圈基石

“粉丝”是从英文“fans”音译而来。另有一个英文词“fandom”（粉都）则很少被应用，意思有两个，一是“粉丝群”，二是作为粉丝的状态和态度，也就是“喜好”。除了极端的宅在个人世界的粉丝，在粉都的层面上说，粉丝不是孤立的个体而是一个社会交往过程，在这个过程中，个人的意见经过和其他粉丝的交流而被塑造和巩固。

在一些含糊不清的情形下，人们试图从他人那里得到提示来决定如何行动或者如何做出反应，此时所发生的情形就是社交认同。比如，你和朋友想在街边找一个饭馆吃饭，恰好有五家餐厅在营业。这五家餐厅当中有四家，顾客很少，门可罗雀，有一家门口门庭若市，还有很多等位的人，你会选择在哪家餐厅吃饭呢?

多数人会选择要排队的那一家，因为另外四家显然有什么让人感觉不太妥当的地方。

这一现象在女性身上表现得尤为明显。调查显示：两个女人一起购物时，她们花的时间和金钱比独自购物时要多，当然也比有男人陪着购物时要多。为特百惠开创了“理家会”这一销售模式的布朗尼·怀斯在训练手册中称：“购买欲是有传染性的。事实证明，一个由 15 名女性构成的消费团体所购买的物品价值大于 15 名单个消费者消费数量的总和。”看看那些大包小包的旅行团，我们就能明白这一道理。同样，女性对品牌的认同感也是可以相互传染的。

品牌要在网络上创造这种同化效应，最重要的选择便是打造社群，引发用户之间“社交认同”相互感染。

凯文·凯利在《失控》中提到：一个群落的智慧的演化很重要的一个指标叫作每个节点的平均连接数。建设社群的目的就是为了丰富每个节点的平均连接数，过去的社区形态下粉丝只是跟品牌建立起关联，但让粉丝和粉丝产生连接才能形成社群。这种粉丝与粉丝之间的多对连接，使得粉丝对部落的关联度更为紧密，难以轻易离开，因而形成更强的连接关系，成为情感能量更强的铁杆粉丝。这就像一个人在一个小区居住，认识 20 个人比只认识 1 个人更不容易搬走。

因为社群，过去用户与品牌之间的单一接触点，进一步扩大为与其他众多用户之间的多点反复接触。

iResearch 推出的网民连续用户行为研究系统 iUserTracker 数据显示，不同性别人群的个人及家庭态度较为接近，在所有 8 个相关问题的答案中，性别差异均不超过 3%，其中大部分不足 1%。但相对而言，女性人群更重视自己所处的群体，倾向于与群体中的成员互动。她们渴望得到群体中其他成员的认可，希望在遇事时有可以求助的朋友圈，也认为他人在遇事时会征求自己的意见。尤其显著的是，女性人群相较男性更容易受到他人意见的影响。男性则更关注事业上的诉求，乐于接受变化与挑战。这意味着群体化的情感体验，对于女性的心理归属举足轻重。

企业应满足与引导女性消费者在这方面的需求，通过打造社群效应，强化粉丝对企业的认同感，与之建立强有力关系。

1. 通过社交媒体激发用户口碑效应

无论是微博、微信还是线下的现实社会，女性用户总是乐于听取别人的意见；社交媒体是人们彼此分享见解、信息、思想并建立关系的在线平台。社交媒体与传统媒体的区别在于：每个人都可以创建、评论和添加社交媒体内容。社交媒体提供了一个渠道，可以让我们直接接触到潜在或现有客户，直接跟他们互动交流，聆听他们的声音，把本来的“弱关系”转化为“强关系”。

社交媒体的扩散效应，会将粉丝传播的威力催化得淋漓尽致。在新浪微博上走红的“野兽派花店”没有实体店，甚至没有淘宝店，仅凭微博上几张花卉礼盒的照片和140个字的文字介绍，开通微博短短几个月，便吸引了超过18万粉丝，甚至连许多演艺界的明星都是它的常客。

调查表明，影响潜在客户购买行为产生的因素中，积极的品牌评价所占比例高达90%，购买行为产生过程是带有很强的情感因素。为了达到最好的传播效应，尽可能多地接触到更多客户，社交媒体自然是不二选择。无论是对大公司还是小企业，社交媒体让你的品牌传播变得更为简单、便捷。微博、朋友圈上一次又一次积极的点赞、评论、转发，使你的品牌价值迅速发酵、增长，因此在社交媒体的环境中培养铁杆粉丝企业是最容易取得成功的。

2. 打造“多对一”“多对多”的群体影响力

网络论坛、微群的沟通活动，能制造“发言人数增加”“在许多地方都听说了”的感觉，就表明了这一信息已经扩展到相当多的信息途径了。通常现实中的口碑传播的推广非常慢，同时信息量也很少，所以判断是不是通过口碑传播散布的信息很困难。在这种情况下，通过听到不少人说，使得“很多人认同这个品牌”这种安心感、信赖感能在女性顾客心中快速发酵。

当企业利用广告宣传品牌故事时，消费者网络中成员之间便会形成一对一的传播关系。以太网发明人罗伯特·梅特卡夫把这种现象总结成了梅特卡夫定律，即在一对一传播的情况下，一个有 n 名成员的网络，其效用为 n^2。但是这条定律低估了成员关系为一对多或多对多时产生的网络效用，换句话就是消费者同时与多个消费者进行对话时的影响力。里德定律对此进行了总结，该定律认为，在多对多传播的情况下，一个有 n 名成员的网络，其效用为 2^n，这样一来，网络成员数量在大于 5 的情况下，多对多传播所产生的网络效用永远大于一对一传播。

社群是粉丝与粉丝之间的联结，而不仅仅是粉丝与品牌。社群内部联结越多，粉丝对于品牌的忠诚度越强。

3. 以群体化情感体验强化用户归属感

新妈妈从孕期、迎接新生命到抚养孩子，很多时候都是孤独无援的。她们迫切需要解决的不是马上买到什么东西，而是如何抚养一个新生命。尤其是现在，大多数 90 后妈妈怀孕是在没有准备的情况下发生的，更是孤独彷徨。为了脱离这种孤立无援的感觉，很多女性会选择社区。母婴网站宝宝树通过搭建沟通平台和论坛，为新妈妈创造了良好的交流氛围，解决独生子女抚养独生子女的“孤独感”，因而在用户心中形成了强烈的归属感。

这就是互联空间最为典型的“部落”形态——粉丝在生活中需要的并不一定是一件衣服，而是一种同伴感和亲密感。通过营造友谊式的群体认同感，满足粉丝的共同爱好，进而成功地培养了一批铁杆粉丝。在部落中，粉丝们通过相互交流彼此了解，就像过去他们在派对上结识朋友一样。

通过促进粉丝之间的连接以提升她们对品牌的忠诚度，是值得深入为之的事情。例如，为帮助女性粉丝更有效地建立连接，宝宝树推出“宝宝树之友见面会”这样的活动，让那些在网上“相识”的粉丝到线下见面沟通，将她们聚在一起，帮助她们结识有着共同话题的新朋友，并且分享知识、资源，相互支持鼓励。当妈妈们彼此联结在一起时，她们对宝宝树的情感认同便进一步深化。

正如费丝·波普康在其女性营销专著《爆米花报告Ⅲ》中所言：“让你的女性消费者互相联结，就能将她们与你的品牌建立关联。”当你帮助她们建立连接时，她们就会轻易地成为你的粉丝。

后记

这是一次对数字化市场环境下营销模式的创新探索——本书首次系统性地梳理出“让顾客成为忠实追随的粉丝”的基本规则——依循所述规则，所有的市场人士应能找到更高效的营销路径。

于本人而言，这也是一次艰辛的探秘之旅。多次重新梳理核心结构并修改写作框架，四载寒暑交替，终于付印；在这高速运转的时代，得之不易，更有“敝帚自珍”之感。

本书写作酝酿于 2014 年初，整个过程伴随着我们家二公子张安南的成长——筹划写作时，他还是一个刚刚来到这个世界的小生命，待本书最终定稿交付出版，他已经上幼儿园中班了。

本书写作一如既往地受日常实践所触发，行文风格上也努力做到浅近易懂，希望读者能有所收获并将其中原则付诸实践。

感谢我北大同届校友方希女士，本书的写作离不开她的支持及贡献的智慧。

感谢太太邓晓燕一直以来对我偶尔神经质性格的包容及对我写作的支持。谨将此书作为礼物，送给她和张安乔、张安南。

张兵武于广州

2018年3月

推荐作者得新书！

博瑞森征稿启事

亲爱的读者朋友：

感谢您选择了博瑞森图书！希望您手中的这本书能给您带来实实在在的帮助！

博瑞森一直致力于发掘好作者、好内容，希望能把您最需要的思想、方法，一字一句地交到您手中，成为管理知识与管理实践的桥梁。

但是我们也知道，有很多深入企业一线、经验丰富、乐于分享的优秀专家，或者忙于实战没时间，或者缺少专业的写作指导和便捷的出版途径，只能茫然以待……

还有很多在竞争大潮中坚守的企业，有着异常宝贵的实践经验和独特的洞察，但缺少专业的记录和整理者，无法让企业的经验和故事被更多的人了解、学习……

对读者而言，这些都太遗憾了！

博瑞森非常希望能将这些埋藏的"宝藏"发掘出来，贡献给广大读者，让更多的人从中受益。

所以，我们真心地邀请您，我们的老读者，帮我们搜寻：

推荐作者

可以是您自己或您的朋友，只要对本土管理有实践、有思考；可以是您通过网络、杂志、书籍或其他途径了解的某位专家，不管名气大小，只要他的思想和方法曾让您深受启发。

可以是管理类作品，也可以超出管理，各类优秀的社科作品或学术作品。

推荐企业

可以是您自己所在的企业，或者是您熟悉的某家企业，其创业过程、运营经历、产品研发、机制创新，等等。无论企业大小，只要乐于分享、有值得借鉴书写之处。

总之，好内容就是一切！

博瑞森绝非"自费出书"，出版费用完全由我们承担。您推荐的作者或企业案例一经采用，我们会立刻向您赠送书币 1000 元，可直接换取任何博瑞森图书的纸书或电子书。

感谢您对本土管理原创、博瑞森图书的支持！

推荐投稿邮箱：bookgood@ 126. com

推荐手机：13611149991

1120 本土管理实践与创新论坛

这是由100多位本土管理专家联合创立的企业管理实践学术交流组织，旨在孵化本土管理思想、促进企业管理实践、加强专家间交流与协作。

论坛每年集中力量办好两件大事：第一，“**出一本书**”，汇聚一年的思考和实践，把最原创、最前沿、最实战的内容集结成册，贡献给读者；第二，“**办一次会**”，每年11月20日本土管理专家们汇聚一堂，碰撞思想、研讨案例、交流切磋、回馈社会。

论坛理事名单（以年龄为序，以示传承之意）

首届常务理事：

彭志雄　曾　伟　施　炜　杨　涛　张学军
郭　晓　程绍珊　胡八一　王祥伍　李志华
陈立云　杨永华

理　　事：

卢根鑫　王铁仁　周荣辉　曾令同　陆和平　宋杼宸
张国祥　刘承元　曹子祥　宋新宇　吴越舟　吴　坚
戴欣明　仲昭川　刘春雄　刘祖轲　段继东　何　慕
秦国伟　贺兵一　张小虎　郭　剑　余晓雷　黄中强
朱玉童　沈　坤　阎立忠　张　进　丁兴良　朱仁健
薛宝峰　史贤龙　卢　强　史幼波　叶敦明　王明胤
陈　明　岑立聪　方　刚　何足奇　周　俊　杨　奕
孙行健　孙嘉晖　张东利　郭富才　叶　宁　何　屹
沈　奎　王　超　马宝琳　谭长春　夏惊鸣　张　博
李洪道　胡浪球　孙　波　唐江华　程　翔　刘红明
杨鸿贵　伯建新　高可为　李　蓓　王春强　孔祥云
贾同领　罗宏文　史立臣　李政权　余　盛　陈小龙
尚　锋　邢　雷　余伟辉　李小勇　全怀周　初勇钢
陈　锐　高继中　聂志新　黄　屹　沈　拓　徐伟泽
谭洪华　崔自三　王玉荣　蒋　军　侯军伟　黄润霖

金国华	吴　之	葛新红	周　剑	崔海鹏	柏　龑
唐道明	朱志明	曲宗恺	杜　忠	远　鸣	范月明
刘文新	赵晓萌	张　伟	韩　旭	韩友诚	熊亚柱
孙彩军	刘　雷	王庆云	李少星	俞士耀	丁　昀
黄　磊	罗晓慧	伏泓霖	梁小平	鄢圣安	

企业案例·老板传记

	书名．作者	内容/特色	读者价值
企业案例·老板传记	**你不知道的加多宝：原市场部高管讲述** 曲宗恺　牛玮娜　著	前加多宝高管解读加多宝	全景式解读，原汁原味
	借力咨询：德邦成长背后的秘密 官同良　王祥伍　著	讲述德邦是如何借助咨询公司的力量进行自身 与发展的	来自德邦内部的第一线资料，真实、珍贵，令人受益匪浅
	娃哈哈区域标杆：豫北市场营销实录 罗宏文　赵晓萌　等著	本书从区域的角度来写娃哈哈河南分公司豫北市场是怎么进行区域市场营销，成为娃哈哈全国第一大市场、全国增量第一高市场的一些操作方法	参考性、指导性，一线真实资料
	六个核桃凭什么：从 0 过 100 亿 张学军　著	首部全面揭秘养元六个核桃裂变式成长的巨著	学习优秀企业的成长路径，了解其背后的理论体系
	像六个核桃一样：打造畅销品的 36 个简明法则 王　超　范　萍　著	本书分上下两篇：包括"六个核桃"的营销战略历程和 36 条畅销法则	知名企业的战略历程极具参考价值，36 条法则提供操作方法
	解决方案营销实战案例 刘祖轲　著	用 10 个真案例讲明白什么是工业品的解决方案式营销，实战、实用	有干货、真正操作过的才能写得出来
	招招见销量的营销常识 刘文新　著	如何让每一个营销动作都直指销量	适合中小企业，看了就能用
	我们的营销真案例 联纵智达研究院　著	五芳斋粽子从区域到全国/诺贝尔瓷砖门店销量提升/利豪家具出口转内销/汤臣倍健的营销模式	选择的案例都很有代表性，实在、实操！
	中国营销战实录：令人拍案叫绝的营销真案例 联纵智达　著	51 个案例，42 家企业，38 万字，18 年，累计 2000 余人次参与……	最真实的营销案例，全是一线记录，开阔眼界
	双剑破局：沈坤营销策划案例集 沈　坤　著	双剑公司多年来的精选案例解析集，阐述了项目策划中每一个营销策略的诞生过程，策划角度和方法	一线真实案例，与众不同的策划角度令人拍案叫绝、受益匪浅
	宗：一位制造业企业家的思考 杨　涛　著	1993 年创业，引领企业平稳发展 20 多年，分享独到的心得体会	难得的一本老板分享经验的书
	简单思考：AMT 咨询创始人自述 孔祥云　著	著名咨询公司（AMT）的 CEO 创业历程中点点滴滴的经验与思考	每一位咨询人，每一位创业者和管理经营者，都值得一读
	边干边学做老板 黄中强　著	创业 20 多年的老板，有经验、能写、又愿意分享，这样的书很少	处处共鸣，帮助中小企业老板少走弯路
	三四线城市超市如何快速成长：解密甘雨亭 IBMG 国际商业管理集团　著	国内外标杆企业的经验 + 本土实践量化数据 + 操作步骤、方法	通俗易懂，行业经验丰富，宝贵的行业量化数据，关键思路和步骤
	中国首家未来超市：解密安徽乐城 IBMG 国际商业管理集团　著	本书深入挖掘了安徽乐城超市的试验案例，为零售企业未来的发展提供了一条可借鉴之路	通俗易懂，行业经验丰富，宝贵的行业量化数据，关键思路和步骤

续表

互联网 +			
	书名．作者	内容/特色	读者价值
互联网+	企业微信营销全指导 孙　巍　著	专门给企业看到的微信营销书,手把手教企业从小白到微信营销专家	企业想学微信营销现在还不晚,两眼一抹黑也不怕,有这本书就够
	企业网络营销这样做才对:**B2B　大宗 B2C** 张　进　著	简单直白拿来就用,各种窍门信手拈来,企业网络营销不麻烦也不用再头疼,一般人不告诉他	B2B、大宗 B2C 企业有福了,看了就能学会网络营销
	互联网时代的银行转型 韩友诚　著	以大量案例形式为读者全面展示和分析了银行的互联网金融转型应对之道	结合本土银行转型发展案例的书籍
	正在发生的转型升级·实践 本土管理实践与创新论坛　著	企业在快速变革期所展现出的管理变革新成果、新方法、新案例	重点突出对于未来企业管理相关领域的趋势研判
	触发需求:互联网新营销样本·水产 何足奇　著	传统产业都在苦闷中挣扎前行,本书通过鲜活的案例告诉你如何以需求链整合供应链,从而把大家熟知的传统行业打碎了重构、重做一遍	全是干货,值得细读学习,并且作者的理论已经经过了他亲自操刀的实践检验,效果惊人,就在书中全景展示
	移动互联新玩法:未来商业的格局和趋势 史贤龙　著	传统商业、电商、移动互联,三个世界并存,这种新格局的玩法一定要懂	看清热点的本质,把握行业先机,一本书搞定移动互联网
	微商生意经:真实再现 **33** 个成功案例操作全程 伏泓霖　罗晓慧　著	本书为 33 个真实案例,分享案例主人公在做微商过程中的经验教训	案例真实,有借鉴意义
	阿里巴巴实战运营——**14** 招玩转诚信通 聂志新　著	本书主要介绍阿里巴巴诚信通的十四个基本推广操作,从而帮助使用诚信通的用户及企业更好地提升业绩	基本操作,很多可以边学边用,简单易学
	今后这样做品牌:移动互联时代的品牌营销策略 蒋　军　著	与移动互联紧密结合,告诉你老方法还能不能用,新方法怎么用	今后这样做品牌就对了
	互联网+"变"与"不变":本土管理实践与创新论坛集萃·**2016** 本土管理实践与创新论坛　著	本土管理领域正在产生自己独特的理论和模式,尤其在移动互联时代,有很多新课题需要本土专家们一起研究	帮助读者拓宽眼界、突破思维
	创造增量市场:传统企业互联网转型之道 刘红明　著	传统企业需要用互联网思维去创造增量,而不是用电子商务去转移传统业务的存量	教你怎么在"互联网+"的海洋中创造实实在在的增量
	重生战略:移动互联网和大数据时代的转型法则 沈　拓　著	在移动互联网和大数据时代,传统企业转型如同生命体打算与再造,称之为"重生战略"	帮助企业认清移动互联网环境下的变化和应对之道

续表

互联网+	**画出公司的互联网进化路线图：用互联网思维重塑产品、客户和价值** 李　蓓　著	18个问题帮助企业一步步梳理出互联网转型思路	思路清晰、案例丰富，非常有启发性
	7个转变，让公司3年胜出 李　蓓　著	消费者主权时代，企业该怎么办	这就是互联网思维，老板有能这样想，肯定倒不了
	跳出同质思维，从跟随到领先 郭　剑　著	66个精彩案例剖析，帮助老板突破行业长期思维惯性	做企业竟然有这么多玩法，开眼界

行业类：零售、白酒、食品/快消品、农业、医药、建材家居等

书名．作者		内容/特色	读者价值
零售·超市·餐饮·服装	**总部有多强大，门店就能走多远** IBMG国际商业管理集团　著	如何把总部做强，成为门店的坚实后盾	了解总部建设的方法与经验
	超市卖场定价策略与品类管理 IBMG国际商业管理集团　著	超市定价策略与品类管理实操案例和方法	拿来就能用的理论和工具
	连锁零售企业招聘与培训破解之道 IBMG国际商业管理集团　著	围绕零售企业组织架构、培训体系建设等内容进行深刻探讨	破解人才发现和培养瓶颈的关键点
	中国首家未来超市：解密安徽乐城 IBMG国际商业管理集团　著	介绍了乐城作为中国首家未来超市从无到有的传奇经历	了解新型零售超市的运作方式及管理特色
	三四线城市超市如何快速成长：解密甘雨亭 IBMG国际商业管理集团　著	揭秘一家三四线连锁超市的经验策略	不但可以欣赏它的优点，而且可以学会它成功的方法
	涨价也能卖到翻 村松达夫　【日】	提升客单价的15种实用、有效的方法	日本企业在这方面非常值得学习和借鉴
	移动互联下的超市升级 联商网专栏频道　著	深度解析超市转型升级重点	帮助零售企业把握全局、看清方向
	手把手教你做专业督导：专卖店、连锁店 熊亚柱　著	从督导的职能、作用，在工作中需要的专业技能、方法，都提供了详细的解读和训练办法，同时附有大量的表单工具	无论是店铺需要统一培训，还是个人想成为优秀的督导，有这一本就够了
	百货零售全渠道营销策略 陈继展　著	没有照本宣科、说教式的絮叨，只有笔者对行业的认知与理解，庖丁解牛式的逐项解析、展开	通俗易懂，花极少的时间快速掌握该领域的知识及趋势
	零售：把客流变成购买力 丁　昀　著	如何通过不断升级产品和体验式服务来经营客流	如何进行体验营销，国外的好经营，这方面有启发

续表

零售·超市·餐饮·服装	**餐饮企业经营策略第一书** 吴　坚　著	分别从产品、顾客、市场、盈利模式等几个方面,对现阶段餐饮企业的发展提出策略和思路	第一本专业的、高端的餐饮企业经营指导书
	电影院的下一个黄金十年:开发·差异化·案例 李保煜　著	对目前电影院市场存大的问题及如何解决进行了探讨与解读	多角度了解电影院运营方式及代表性案例
	赚不赚钱靠店长:从懂管理到会经营 孙彩军　著	通过生动的案例来进行剖析,注重门店管理细节方面的能力提升	帮助终端门店店长在管理门店的过程中实现经营思路的拓展与突破
耐消品	**商用汽车经销商经营实战** 杜建君　王朝阳　章晓青等著	从管理到经营,从销售到服务,系统化运作全指导	为经销商经营开阔思路,掌握方法
	汽车配件这样卖:汽车后市场销售秘诀100条 俞士耀　著	汽配销售业务员必读,手把手教授最实用的方法,轻松得来好业绩	快速上岗,专业实效,业绩无忧
	跟行业老手学经销商开发与管理:家电、耐消品、建材家居 黄润霖　著	全部来源于经销商管理的一线问题,作者用丰富的经验将每一个问题落实到最便捷快速的操作方法上去	书中每一个问题都是普通营销人亲口提出的,这些问题你也会遇到,作者进行的解答则精彩实用
白酒	**白酒到底如何卖** 赵海永　著	以市场实战为主,多层次、全方位、多角度地阐释了白酒一线市场操作的最新模式和方法,接地气	实操性强,37个方法、6大案例帮你成功卖酒
	变局下的白酒企业重构 杨永华　著	帮助白酒企业从产业视角看清趋势,找准位置,实现弯道超车的书	行业内企业要减少90%,自己在什么位置,怎么做,都清楚了
	1. 白酒营销的第一本书(升级版) **2. 白酒经销商的第一本书** 唐江华　著	华泽集团湖南开口笑公司品牌部长,擅长酒类新品推广、新市场拓展	扎根一线,实战
	区域型白酒企业营销必胜法则 朱志明　著	为区域型白酒企业提供35条必胜法则,在竞争中赢销的葵花宝典	丰富的一线经验和深厚积累,实操实用
	10步成功运作白酒区域市场 朱志明　著	白酒区域操盘者必备,掌握区域市场运作的战略、战术、兵法	在区域市场的攻伐防守中运筹帷幄,立于不败之地
	酒业转型大时代:微酒精选2014－2015 微酒　主编	本书分为五个部分:当年大事件、那些酒业营销工具、微酒独立策划、业内大调查和十大经典案例	了解行业新动态、新观点,学习营销方法
快消品·食品	**这样打造快消品标杆市场** 罗宏文　著	帮助你解决如何成功打造标杆市场和进行持续增量管理两大问题	一套系统的方法论,通俗易懂,可以直接套用
	5小时读懂快消品营销:中国快消品案例观察 陈海超　著	多年营销经验的一线老手把案例掰开了、揉碎了,从中得出的各种手段和方法给读者以帮助和启发	营销那些事儿的个中秘辛,求人还不一定告诉你,这本书里就有

续表

快消品·食品	**快消品招商的第一本书:从入门到精通** 刘　雷　著	深入浅出,不说废话,有工具方法,通俗易懂	让零基础的招商新人快速学习书中最实用的招商技能,成长为骨干人才
	乳业营销第一书 侯军伟　著	对区域乳品企业生存发展关键性问题的梳理	唯一的区域乳业营销书,区域乳品企业一定要看
	食用油营销第一书 余　盛　著	10 多年油脂企业工作经验,从行业到具体实操	食用油行业第一书,当之无愧
	中国茶叶营销第一书 柏　龑　著	如何跳出茶行业"大文化小产业"的困境,作者给出了自己的观察和思考	不是传统做茶的思路,而是现在商业做茶的思路
	调味品营销第一书 陈小龙　著	国内唯一一本调味品营销的书	唯一的调味品营销的书,调味品的从业者一定要看
	快消品营销人的第一本书:从入门到精通 刘　雷　伯建新　著	快消行业必读书,从入门到专业	深入细致,易学易懂
	变局下的快消品营销实战策略 杨永华　著	通胀了,成本增加,如何从被动应战变成主动的"系统战"	作者对快消品行业非常熟悉、非常实战
	快消品经销商如何快速做大 杨永华　著	本书完全从实战的角度,评述现象,解析误区,揭示原理,传授方法	为转型期的经销商提供了解决思路,指出了发展方向
	一位销售经理的工作心得 蒋　军　著	一线营销管理人员想提升业绩却无从下手时,可以看看这本书	一线的真实感悟
	快消品营销:一位销售经理的工作心得 2 蒋　军　著	快消品、食品饮料营销的经验之谈,重点图书	来源与实战的精华总结
	快消品营销与渠道管理 谭长春　著	将快消品标杆企业渠道管理的经验和方法分享出来	可口可乐、华润的一些具体的渠道管理经验,实战
	成为优秀的快消品区域经理(升级版) 伯建新　著	用"怎么办"分析区域经理的工作关键点,增加30%全新内容,更贴近环境变化	可以作为区域经理的"速成催化器"
	销售轨迹:一位快消品营销总监的拼搏之路 秦国伟　著	本书讲述了一个普通销售员打拼成为跨国企业营销总监的真实奋斗历程	激励人心,给广大销售员以力量和鼓舞
	快消老手都在这样做:区域经理操盘锦囊 方　刚　著	非常接地气,全是多年沉淀下来的干货,丰富的一线经验和实操方法不可多得	在市场摸爬滚打的"老油条",那些独家绝招妙招一般你问都是问不来的
	动销四维:全程辅导与新品上市 高继中　著	从产品、渠道、促销和新品上市详细讲解提高动销的具体方法,总结作者 18 年的快消品行业经验,方法实操	内容全面系统,方法实操

续表

农业	**新农资如何换道超车** 刘祖轲　等著	从农业产业化、互联网转型、行业营销与经营突破四个方面阐述如何让农资企业占领先机、提前布局	南方略专家告诉你如何应对资源浪费、生产效率低下、产能严重过剩、价格与价值严重扭曲等
	中国牧场管理实战：畜牧业、乳业必读 黄剑黎　著	本书不仅提供了来自一线的实际经验，还收入了丰富的工具文档与表单	填补空白的行业必读作品
	中小农业企业品牌战法 韩　旭　著	将中小农业企业品牌建设的方法，从理论讲到实践，具有指导性	全面把握品牌规划，传播推广，落地执行的具体措施
	农资营销实战全指导 张　博　著	农资如何向"深度营销"转型，从理论到实践进行系统剖析，经验资深	朴实、使用！不可多得的农资营销实战指导
	农产品营销第一书 胡浪球　著	从农业企业战略到市场开拓、营销、品牌、模式等	来源于实践中的思考，有启发
	变局下的农牧企业9大成长策略 彭志雄　著	食品安全、纵向延伸、横向联合、品牌建设……	唯一的农牧企业经营实操的书，农牧企业一定要看
医药	**在中国，医药营销这样做：时代方略精选文集** 段继东　主编	专注于医药营销咨询15年，将医药营销方法的精华文章合编，深入全面	可谓医药营销领域的顶尖著作，医药界读者的必读书
	医药新营销：制药企业、医药商业企业营销模式转型 史立臣　著	医药生产企业和商业企业在新环境下如何做营销？老方法还有没有用？如何寻找新方法？新方法怎么用？本书给你答案	内容非常现实接地气，踏实谈问题说方法
	医药企业转型升级战略 史立臣　著	药企转型升级有5大途径，并给出落地步骤及风险控制方法	实操性强，有作者个人经验总结及分析
	新医改下的医药营销与团队管理 史立臣　著	探讨新医改对医药行业的系列影响和医药团队管理	帮助理清思路，有一个框架
	医药营销与处方药学术推广 马宝琳　著	如何用医学策划把"平民产品"变成"明星产品"	有真货、讲真话的作者，堪称处方药营销的经典！
	新医改，医药企业如何应对行业洗牌 林延君　沈　斌　著	一方面，围绕着变革，多角度阐述药企的应对之道；另一方面，紧扣实践，介绍近百家医药企业创新实践案例	医改变革10年，医药企业如何应对大洗牌？重磅出击的药企人必读书
	新医改了，药店就要这样开 尚　锋　著	药店经营、管理、营销全攻略	有很强的实战性和可操作性
	电商来了，实体药店如何突围 尚　锋　著	电商崛起，药店该如何突围？本书从促销、会员服务、专业性、客单价等多重角度给出了指导方向	实战攻略，拿来就能用
	OTC医药代表药店销售36计 鄢圣安　著	以《三十六计》为线，写OTC医药代表向药店销售的一些技巧与策略	案例丰富，生动真实，实操性强

续表

医药	**OTC医药代表药店开发与维护** 鄢圣安　著	要做到一名专业的医药代表，需要做什么、准备什么、知识储备、操作技巧等	医药代表药店拜访的指导手册，手把手教你快速上手
	引爆药店成交率1：店员导购实战 范月明　著	一本书解决药店导购所有难题	情景化、真实化、实战化
	引爆药店成交率2：经营落地实战 范月明　著	最接地气的经营方法全指导	揭示了药店经营的几类关键问题
	引爆药店成交率：专业化销售解决方案 范月明　著	药品搭配分析与关联销售	为药店人专业化助力
建材家居	**成为最赚钱的家具建材经销商** 李治江　著	从销售模式、产品、门店等老板们最关注和最需要的方面解决问题、提供方法	只要你是建材、家具、家居用品的经销商老板，这就是一本必读的书
	家具行业操盘手 王献永　著	家具行业问题的终结者	解决了干家具还有没有前途？为什么同城多店的家具经销商很难做大做强等问题
	建材家居营销：除了促销还能做什么 孙嘉晖　著	一线老手的深度思考，告诉你在建材家居营销模式基本停滞的今天，除了促销，营销还能怎么做	给你的想法一场革命
	建材家居营销实务 程绍珊　杨鸿贵　主编	价值营销运用到建材家居，每一步都让客户增值	有自己的系统、实战
	建材家居门店销量提升 贾同领　著	店面选址、广告投放、推广助销、空间布局、生动展示、店面运营等	门店销量提升是一个系统工程，非常系统、实战
	10步成为最棒的建材家居门店店长 徐伟泽　著	实际方法易学易用，让员工能够迅速成长，成为独当一面的好店长	只要坚持这样干，一定能成为好店长
	手把手帮建材家居导购业绩倍增：成为顶尖的门店店员 熊亚柱　著	生动的表现形式，让普通人也能成为优秀的导购员，让门店业绩长红	读着有趣，用着简单，一本在手、业绩无忧
	建材家居经销商实战42章经 王庆云　著	告诉经销商：老板怎么当、团队怎么带、生意怎么做	忠言逆耳，看着不舒服就对了，实战总结，用一招半式就值了
工业品	**销售是门专业活：B2B、工业品** 陆和平　著	销售流程就应该跟着客户的采购流程和关注点的变化向前推进，将一个完整的销售过程分成十个阶段，提供具体方法	销售不是请客吃饭拉关系，是个专业的活计！方法在手，走遍天下不愁
	解决方案营销实战案例 刘祖轲　著	用10个真案例讲明白什么是工业品的解决方案式营销，实战、实用	有干货、真正操作过的才能写得出来
	变局下的工业品企业7大机遇 叶敦明　著	产业链条的整合机会、盈利模式的复制机会、营销红利的机会、工业服务商转型机会……	工业品企业还可以这样做，思维大突破

续表

工业品	**工业品市场部实战全指导** 杜　忠　著	工业品市场部经理工作内容全指导	系统、全面、有理论、有方法，帮助工业品市场部经理更快提升专业能力
	工业品营销管理实务 李洪道　著	中国特色工业品营销体系的全面深化、工业品营销管理体系优化升级	工具更实战，案例更鲜活，内容更深化
	工业品企业如何做品牌 张东利　著	为工业品企业提供最全面的品牌建设思路	有策略、有方法、有思路、有工具
	丁兴良讲工业 4.0 丁兴良　著	没有枯燥的理论和说教，用朴实直白的语言告诉你工业 4.0 的全貌	工业 4.0 是什么？本书告诉你答案
	资深大客户经理：策略准，执行狠 叶敦明　著	从业务开发、发起攻势、关系培育、职业成长四个方面，详述了大客户营销的精髓	满满的全是干货
	一切为了订单：订单驱动下的工业品营销实战 唐道明　著	其实，所有的企业都在围绕着两个字在开展全部的经营和管理工作，那就是“订单”	开发订单、满足订单、扩大订单。本书全是实操方法，字字珠玑、句句干货，教你获得营销的胜利
金融	**交易心理分析** (美)马克·道格拉斯　著 刘真如　译	作者一语道破赢家的思考方式，并提供了具体的训练方法	不愧是投资心理的第一书，绝对经典
	精品银行管理之道 崔海鹏　何　屹　主编	中小银行转型的实战经验总结	中小银行的教材很多，实战类的书很少，可以看看
	支付战争 Eric M. Jackson　著 徐　彬　王　晓　译	PayPal 创业期营销官，亲身讲述 PayPal 从诞生到壮大到成功出售的整个历史	激烈、有趣的内幕商战故事！了解美国支付市场的风云巨变
	中外并购名著专业阅读指南 叶兴平　等著	在 5000 多本并购类图书中精选的 200 著作，在阅读的基础上写的读书评价	精挑细选 200 本并一一评介，省去读者挑选的烦恼，快捷、高效
	互联网时代的银行转型 韩友诚　著	以大量案例形式为读者全面展示和分析了银行的互联网金融转型应对之道	结合本土银行转型发展案例的书籍
房地产	**产业园区/产业地产规划、招商、运营实战** 阎立忠　著	目前中国第一本系统解读产业园区和产业地产建设运营的实战宝典	从认知、策划、招商到运营全面了解地产策划
	人文商业地产策划 戴欣明　著	城市与商业地产战略定位的关键是不可复制性，要发现独一无二的“味道”	突破千城一面的策划困局
	电影院的下一个黄金十年：开发·差异化·案例 李保煜　著	对目前电影院市场存大的问题及如何解决进行了探讨与解读	多角度了解电影院运营方式及代表性案例
能源	**全能型班组：城市能源互联网与电力班组升级** 国网天津市电力公司　编著	借鉴国内外优秀企业的转型升级思路，通过对于新型班组组织模式和运行机制的大胆设想，力图构建充分适应内外环境变化的全能型班组	看看庞大的国企在新环境下是如何顺应时代的
	国网天津电力全能型班组建设实务 国网天津市电力公司　编著	本书聚焦于天津电力公司在探索全能型班组转型升级时的优秀实践	电力行业的班组实践，具体、可操作性强

续表

经营类：企业如何赚钱，如何抓机会，如何突破，如何“开源”			
书名．作者		内容/特色	读者价值
抓方向	**让经营回归简单．升级版** 宋新宇　著	化繁为简抓住经营本质：战略、客户、产品、员工、成长	经典，做企业就这几个关键点！
	混沌与秩序Ⅰ：变革时代企业领先之道 **混沌与秩序Ⅱ：变革时代管理新思维** 彭剑锋　尚艳玲　主编	汇集华夏基石专家团队10年来研究成果，集中选择了其中的精华文章编纂成册	作者都是既有深厚理论积淀又有实践经验的重磅专家，为中国企业和企业家的未来提出了高屋建瓴的观点
	活系统：跟任正非学当老板 孙行健　尹　贤　著	以任正非的独到视角，教企业老板如何经营公司	看透公司经营本质，激活企业活力
	重构：快消品企业重生之道 杨永华　著	从7个角度，帮助企业实现系统性的改造	提供转型思想与方法，值得参考
	公司由小到大要过哪些坎 卢　强　著	老板手里的一张“企业成长路线图”	现在我在哪儿，未来还要走哪些路，都清楚了
	企业二次创业成功路线图 夏惊鸣　著	企业曾经抓住机会成功了，但下一步该怎么办？	企业怎样获得第二次成功，心里有个大框架了
	老板经理人双赢之道 陈　明　著	经理人怎养选平台、怎么开局，老板怎样选/育/用/留	老板生闷气，经理人牢骚大，这次知道该怎么办了
	简单思考：AMT咨询创始人自述 孔祥云　著	著名咨询公司（AMT）的CEO创业历程中点点滴滴的经验与思考	每一位咨询人，每一位创业者和管理经营者，都值得一读
	企业文化的逻辑 王祥伍　黄健江　著	为什么企业绩效如此不同，解开绩效背后的文化密码	少有的深刻，有品质，读起来很流畅
	使命驱动企业成长 高可为　著	钱能让一个人今天努力，使命能让一群人长期努力	对于想做事业的人，‘使命’是绕不过去的
思维突破	**盈利原本就这么简单** 高可为　著	从财务的角度揭示企业盈利的秘密	多方面解读商业模式与盈利的关系，通俗易懂，受益匪浅
	移动互联新玩法：未来商业的格局和趋势 史贤龙　著	传统商业、电商、移动互联，三个世界并存，这种新格局的玩法一定要懂	看清热点的本质，把握行业先机，一本书搞定移动互联网
	画出公司的互联网进化路线图：用互联网思维重塑产品、客户和价值 李　蓓　著	18个问题帮助企业一步步梳理出互联网转型思路	思路清晰、案例丰富，非常有启发性
	重生战略：移动互联网和大数据时代的转型法则 沈　拓　著	在移动互联网和大数据时代，传统企业转型如同生命体打算与再造，称之为“重生战略”	帮助企业认清移动互联网环境下的变化和应对之道
	创造增量市场：传统企业互联网转型之道 刘红明　著	传统企业需要用互联网思维去创造增量，而不是用电子商务去转移传统业务的存量	教你怎么在“互联网+”的海洋中创造实实在在的增量

续表

思维突破	**7个转变,让公司3年胜出** 李　蓓　著	消费者主权时代,企业该怎么办	这就是互联网思维,老板有能这样想,肯定倒不了
	跳出同质思维,从跟随到领先 郭　剑　著	66个精彩案例剖析,帮助老板突破行业长期思维惯性	做企业竟然有这么多玩法,开眼界
	麻烦就是需求　难题就是商机 卢根鑫　著	如何借助客户的眼睛发现商机	什么是真商机,怎么判断、怎么抓,有借鉴
	互联网+"变"与"不变":本土管理实践与创新论坛集萃·2016 本土管理实践与创新论坛　著	加速本土管理思想的孕育诞生,促进本土管理创新成果更好地服务企业、贡献社会	各个作者本年度最新思想,帮助读者拓宽眼界、突破思维
	消费升级:实践　研究(文集) 本土管理实践与创新论坛　著	38位管理专家及7位学者的精华思想,从经营、管理、行业及思想研究四个方面阐述中国企业在消费升级下的实践与研究	思想启发,行业借鉴
财务	**写给企业家的公司与家庭财务规划——从创业成功到富足退休** 周荣辉　著	本书以企业的发展周期为主线,写各阶段企业与企业主家庭的财务规划	为读者处理人生各阶段企业与家庭的财务问题提供建议及方法,让家庭成员真正享受财富带来的益处
	互联网时代的成本观 程　翔　著	本书结合互联网时代提出了成本的多维观,揭示了多维组合成本的互联网精神和大数据特征,论述了其产生背景、实现思路和应用价值	在传统成本观下为盈利的业务,在新环境下也许就成为亏损业务。帮助管理者从新的角度来看待成本,进一步做好精益管理

管理类:效率如何提升,如何实现经营目标,如何"节流"

	书名.作者	内容/特色	读者价值
通用管理	**让管理回归简单·升级版** 宋新宇　著	从目标、组织、决策、授权、人才和老板自己层面教你怎样做管理	帮助管理抓住管理的要害,让管理变得简单
	让经营回归简单·升级版 宋新宇　著	从战略、客户、产品、员工、成长、经营者自身等七个方面,归纳总结出简单有效的经营法则	总结出的真正优秀企业的成功之道:简单
	让用人回归简单 宋新宇　著	从用人的原则、用人的难题与误区、用人的方法和用人者的修炼四大方面,总结出适合中小企业做好人才管理工作的法则	帮助管理者抓住用人的要害,让用人变得简单
	历史深处的管理智慧1:组织建设与用人之道 刘文瑞　著	对历史之典故、政事、人事、政制进行管理解析,鉴照企业人才的选用育留	推动理论与实践的对接,实现理性与情感的渗透,用中国话语说明管理智慧
	历史深处的管理智慧2:战略决策与经营运作 刘文瑞 著	对历史之典故、政事、人事、政制进行管理解析,鉴照企业战略设计与经营实践	推动理论与实践的对接,实现理性与情感的渗透,用中国话语说明管理智慧

续表

通用管理	**历史深处的管理智慧3:领导修炼与文化素养** 刘文瑞　著	对历史之典故、政事、人事、政制进行管理解析,鉴照企业领导职业能力提升与文化修养	推动理论与实践的对接,实现理性与情感的渗透,用中国话语说明管理智慧
	管理的尺度 刘文瑞　著	对管理中的种种普遍性问题进行了批评	提高把握管理尺度的能力
	管理学在中国 刘文瑞　著	系统性介绍了管理学在中国的发展和演变	了解管理学在中国的发展脉络,更清晰理解管理学的本质
	管理:以规则驾驭人性 王春强　著	详细解读企业规则的制定方法	从人与人博弈角度提升管理的有效性
	员工心理学超级漫画版 邢　雷　著	以漫画的形式深度剖析员工心理	帮助管理者更了解员工,从而更轻松地管理员工
	老板有想法,高层有干法:企业中的将、帅之道 王清华　著	深入剖析老板与高管的异同	各司其职,各行其是,相辅相成
	分股合心:股权激励这样做 段磊　周剑　著	通过丰富的案例,详细介绍了股权激励的知识和实行方法	内容丰富全面、易读易懂,了解股权激励,有这一本就够了
	边干边学做老板 黄中强　著	创业20多年的老板,有经验、能写、又愿意分享,这样的书很少	处处共鸣,帮助中小企业老板少走弯路
	成为敏感而体贴的公司 王　涛　著	本书为作者对企业的观察和冥想的随笔记录。从生活中的一个现象入手,进而探索现象背后的本质	从全新角度认识公司
	中国企业的觉醒:正直 善良 成长 王　涛　著	围绕着企业人如何发生转化展开,对中国人、中国文化及由此导致的企业现状的观察和思考	企业除了要利润,还需要道德
	有意识的思考:轻松化解问题的7个思考习惯 王　涛　著	本书是对思想、思考过程、思考方式进行的细致观察	养成好的思考习惯,更深刻地看问题
	中国式阿米巴落地实践之从交付到交易 胡八一　著	本书主要讲述阿米巴经营会计,"从交付到交易",这是成功实施了阿米巴的标志	阿米巴经营会计的工作是有逻辑关联的,一本书就能搞定
	中国式阿米巴落地实践之激活组织 胡八一　著	重点讲解如何科学划分阿米巴单元,阐述划分的实操要领、思路、方法、技术与工具	最大限度减少"推行风险"和"摸索成本",利于公司成功搭建适合自身的个性化阿米巴经营体系
	集团化企业阿米巴实战案例 初勇钢　著	一家集团化企业阿米巴实施案例	指导集团化企业系统实施阿米巴
	阿米巴经营的中国模式 李志华　著	让员工从"要我干"到"我要干",价值量化出来	阿米巴在企业如何落地,明白思路了
	欧博心法:好管理靠修行 曾　伟　著	用佛家的智慧,深刻剖析管理问题,见解独到	如果真的有'中国式管理',曾老师是其中标志性人物
	领导这样点燃你的下属 孟广桥　著	领导者如何才能让员工积极主动地工作?如何让你的员工和下属保持工作的热情,自动自发?看了这本书就知道	只要你希望手下的"兵将"永远充满工作的斗志,这本书将使你获益良多

续表

流程管理	1. 用流程解放管理者 2. 用流程解放管理者 2 张国祥　著	中小企业阅读的流程管理、企业规范化的书	通俗易懂,理论和实践的结合恰到好处
	跟我们学建流程体系 陈立云　著	畅销书《跟我们学做流程管理》系列,更实操,更细致,更深入	更多地分享实践,分享感悟,从实践总结出来的方法论
质量管理	IATF16949 质量管理体系详解与案例文件汇编:TS16949 转版 IATF16949:2016 谭洪华　著	针对 IATF 的新标准做了详细的解说,同时指出了一些推行中容易犯的错误,提供了大量的表单、案例	案例、表单丰富,拿来就用
	五大质量工具详解及运用案例:APQP/FMEA/PPAP/MSA/SPC 谭洪华　著	对制造业必备的五大质量工具中每个文件的制作要求、注意事项、制作流程、成功案例等进行了解读	通俗易懂、简便易行,能真正实现学以致用
	ISO9001:2015 新版质量管理体系详解与案例文件汇编 谭洪华　著	紧密围绕 2015 年新版质量管理体系文件逐条详细解读,并提供可以直接套用的案例工具,易学易上手	企业质量管理认证、内审必备
	ISO14001:2015 新版环境管理体系详解与案例文件汇编 谭洪华　著	紧密围绕 2015 年新版环境管理体系文件逐条详细解读,并提供可以直接套用的案例工具,易学易上手	企业环境管理认证、内审必备
	SA8000:2014 社会责任管理体系认证实战 吕　林　著	作者根据自己的操作经验,按认证的流程,以相关案例进行说明 SA8000 认证体系	简单,实操性强,拿来就能用
	精益质量管理实战工具 贺小林　著	制造类企业日常工作中所需要的精益管理工具的归纳整理,并进行案例操作的细致分析	可以直接参考,实际解决生产中的具体问题
战略落地	重生——中国企业的战略转型 施　炜　著	从前瞻和适用的角度,对中国企业战略转型的方向、路径及策略性举措提出了一些概要性的建议和意见	对企业有战略指导意义
	公司大了怎么管:从靠英雄到靠组织 AMT 金国华　著	第一次详尽阐释中国快速成长型企业的特点、问题及解决之道	帮助快速成长型企业领导及管理团队理清思路,突破瓶颈
	低效会议怎么改:每年节省一半会议成本的秘密 AMT 王玉荣　著	教你如何系统规划公司的各级会议,一本工具书	教会你科学管理会议的办法
	年初订计划,年尾有结果:战略落地七步成诗 AMT 郭晓　著	7 个步骤教会你怎么让公司制定的战略转变为行动	系统规划,有效指导计划实现

续表

人力资源	**HRBP 是这样炼成的之"菜鸟起飞"** 新　海　著	以小说的形式，具体解析 HRBP 的职责，应该如何操作，如何为业务服务	实践者的经验分享，内容实务具体，形式有趣
	HRBP 是这样炼成的之中级修炼 新　海　著	本书以案例故事的方式，介绍了 HRBP 在实际工作中碰到的问题和挑战	书中的 HR 解决方案讲究因时因地制宜、简单有效的原则，重在启发读者思路，可供各类企业 HRBP 借鉴
	HRBP 是这样炼成的之高级修炼 新　海　著	以故事的形式，展现了 HRBP 工作者在职业发展路上的层层深入和递进	为读者提供 HRBP 在实际工作中遇到种种问题的解决方案
	把面试做到极致：首席面试官的人才甄选法 孟广桥　著	作者用自己几十年的人力资源经验总结出的一套实用的确定岗位招聘标准、提升面试官技能素质的简便方法	面试官必备，没有空泛理论，只有巧妙的实操技能
	人力资源体系与 e－HR 信息化建设 刘书生　陈　莹　王美佳　著	将作者经历的人力资源管理变革、人力资源管理信息化咨询项目方法论、工具和成果全面展现给读者，使大家能够将其快速应用到管理实践中	系统性非常强，没有废话，全部是浓缩的干货
	回归本源看绩效 孙　波　著	让绩效回顾"改进工具"的本源，真正为企业所用	确实是来源于实践的思考，有共鸣
	世界 500 强资深培训经理人教你做培训管理 陈　锐　著	从 7 大角度具体细致地讲解了培训管理的核心内容	专业、实用、接地气
	曹子祥教你做激励性薪酬设计 曹子祥　著	以激励性为指导，系统性地介绍了薪酬体系及关键岗位的薪酬设计模式	深入浅出，一本书学会薪酬设计
	曹子祥教你做绩效管理 曹子祥　著	复杂的理论通俗化，专业的知识简单化，企业绩效管理共性问题的解决方案	轻松掌握绩效管理
	把招聘做到极致 远　鸣　著	作为世界 500 强高级招聘经理，作者数十年招聘经验的总结分享	带来职场思考境界的提升和具体招聘方法的学习
	人才评价中心．超级漫画版 邢　雷　著	专业的主题，漫画的形式，只此一本	没想到一本专业的书，能写成这效果
	走出薪酬管理误区 全怀周　著	剖析薪酬管理的 8 大误区，真正发挥好枢纽作用	值得企业深读的实用教案
	集团化人力资源管理实践 李小勇　著	对搭建集团化的企业很有帮助，务实，实用	最大的亮点不是理论，而是结合实际的深入剖析
	我的人力资源咨询笔记 张　伟　著	管理咨询师的视角，思考企业的 HR 管理	通过咨询师的眼睛对比很多企业，有启发
	本土化人力资源管理 8 大思维 周　剑　著	成熟 HR 理论，在本土中小企业实践中的探索和思考	对企业的现实困境有真切体会，有启发

续表

企业文化	**36 个拿来就用的企业文化建设工具** 海融心胜　主编	数十个工具,为了方便拿来就用,每一个工具都严格按照工具属性、操作方法、案例解读划分,实用、好用	企业文化工作者的案头必备书,方法都在里面,简单易操作
	企业文化建设超级漫画版 邢　雷　著	以漫画的形式系统教你企业文化建设方法	轻松易懂好操作
	华夏基石方法:企业文化落地本土实践 王祥伍　谭俊峰　著	十年积累、原创方法、一线资料,和盘托出	在文化落地方面真正有洞察,有实操价值的书
	企业文化的逻辑 王祥伍　著	为什么企业之间如此不同,解开绩效背后的文化密码	少有的深刻,有品质,读起来很流畅
	企业文化激活沟通 宋杼宸　安　琪　著	透过新任 HR 总经理的眼睛,揭示出沟通与企业文化的关系	有实际指导作用的文化落地读本
	在组织中绽放自我:从专业化到职业化 朱仁健　王祥伍　著	个人如何融入组织,组织如何助力个人成长	帮助企业员工快速认同并投入到组织中去,为企业发展贡献力量
	企业文化定位·落地一本通 王明胤　著	把高深枯燥的专业理论创建成一套系统化、实操化、简单化的企业文化缔造方法	对企业文化不了解,不会做?有这一本从概念到实操,就够了
生产管理	**精益思维:中国精益如何落地** 刘承元　著	笔者二十余年企业经营和咨询管理的经验总结	中国企业需要灵活运用精益思维,推动经营要素与管理机制的有机结合,推动企业管理向前发展
	300 张现场图看懂精益 5S 管理 乐　涛　编著	5S 现场实操详解	案例图解,易懂易学
	高员工流失率下的精益生产 余伟辉　著	中国的精益生产必须面对和解决高员工流失率问题	确实来源于本土的工厂车间,很务实
	车间人员管理那些事儿 岑立聪　著	车间人员管理中处理各种“疑难杂症”的经验和方法	基层车间管理者最闹心、头疼的事,‘打包’解决
	1. 欧博心法:好管理靠修行 **2. 欧博心法:好工厂这样管** 曾　伟　著	他是本土最大的制造业管理咨询机构创始人,他从 400 多个项目、上万家企业实践中锤炼出的欧博心法	中小制造型企业,一定会有很强的共鸣
	欧博工厂案例 1:生产计划管控对话录 **欧博工厂案例 2:品质技术改善对话录** **欧博工厂案例 3:员工执行力提升对话录** 曾　伟　著	最典型的问题、最详尽的解析,工厂管理 9 大问题 27 个经典案例	没想到说得这么细,超出想象,案例很典型,照搬都可以了
	工厂管理实战工具 欧博企管　编著	以传统文化为核心的管理工具	适合中国工厂

续表

生产管理	**苦中得乐:管理者的第一堂必修课** 曾 伟 编著	曾伟与师傅大愿法师的对话,佛学与管理实践的碰撞,管理禅的修行之道	用佛学最高智慧看透管理
	比日本工厂更高效 1:管理提升无极限 刘承元 著	指出制造型企业管理的六大积弊;颠覆流行的错误认知;掌握精益管理的精髓	每一个企业都有自己不同的问题,管理没有一剑封喉的秘笈,要从现场、现物、现实出发
	比日本工厂更高效 2:超强经营力 刘承元 著	企业要获得持续盈利,就要开源和节流,即实现销售最大化,费用最小化	掌握提升工厂效率的全新方法
	比日本工厂更高效 3:精益改善力的成功实践 刘承元 著	工厂全面改善系统有其独特的目的取向特征,着眼于企业经营体质(持续竞争力)的建设与提升	用持续改善力来飞速提升工厂的效率,高效率能够带来意想不到的高效益
	3A 顾问精益实践 1:IE 与效率提升 党新民 苏迎斌 蓝旭日 著	系统的阐述了 IE 技术的来龙去脉以及操作方法	使员工与企业持续获利
	3A 顾问精益实践 2:JIT 与精益改善 肖志军 党新民 著	只在需要的时候,按需要的量,生产所需的产品	提升工厂效率
	手把手教你做专业的生产经理 黄 娜 著	物流、信息流、资金流,让生产经理管理有抓手	从菜鸟到能把控全局
员工素质提升	**TTT 培训师精进三部曲(上):深度改善现场培训效果** 廖信琳 著	现场把控不用慌,这里有妙招一用就灵	课程现场无论遇到什么样的情况都能游刃有余
	TTT 培训师精进三部曲(中):构建最有价值的课程内容 廖信琳 著	这样做课程内容,学员有收获 培训师也有收获	优质的课程内容是树立个人品牌的保证
	TTT 培训师精进三部曲(下):职业功力沉淀与修为提升 廖信琳 著	从内而外提升自己,职业的道路一帆风顺	走上职业 TTT 内训师的康庄大道
	培训师,如何让你的事业长青:自我管理的 10 项法则 廖信琳 著	建立了一套完整的培训师自我管理体系,为培训师的职业成长与发展提供有益的指引	培训师如何在自己的职业道路上越走越高,事业长青,一直有所收获与成长?本书将给你答案
	管理咨询师的第一本书:百万年薪 千万身价 熊亚柱 著	从问题出发,发现问题、分析问题、解决问题,让两眼一抹黑的新人快速成长	管理咨询师初入职场,让这本书开启百万年薪之路
	手把手教你做专业督导:专卖店、连锁店 熊亚柱 著	从督导的职能、作用,在工作中需要的专业技能、方法,都提供了详细的解读和训练办法,同时附有大量的表单工具	无论是店铺需要统一培训,还是个人想成为优秀的督导,有这一本就够了

续表

员工素质提升	**跟老板"偷师"学创业** 吴江萍　余晓雷　著	边学边干,边观察边成长,你也可以当老板	不同于其他类型的创业书,让你在工作中积累创业经验,一举成功
	销售轨迹:一位快消品营销总监的拼搏之路 秦国伟　著	本书讲述了一个普通销售员打拼成为跨国企业营销总监的真实奋斗历程	激励人心,给广大销售员以力量和鼓舞
	在组织中绽放自我:从专业化到职业化 朱仁健　王祥伍　著	个人如何融入组织,组织如何助力个人成长	帮助企业员工快速认同并投入到组织中去,为企业发展贡献力量
	企业员工弟子规:用心做小事,成就大事业 贾同领　著	从传统文化《弟子规》中学习企业中为人处事的办法,从自身做起	点滴小事,修养自身,从自身的改善得到事业的提升
	手把手教你做顶尖企业内训师:TTT培训师宝典 熊亚柱　著	从课程研发到现场把控、个人提升都有涉及,易读易懂,内容丰富全面	想要做企业内训师的员工有福了,本书教你如何抓住关键,从入门到精通

营销类:把客户需求融入企业各环节,提供"客户认为"有价值的东西

书名.作者		内容/特色	读者价值
营销模式	**精品营销战略** 杜建君　著	以精品理念为核心的精益战略和营销策略	用精品思维赢得高端市场
	变局下的营销模式升级 程绍珊　叶　宁　著	客户驱动模式、技术驱动模式、资源驱动模式	很多行业的营销模式被颠覆,调整的思路有了!
	卖轮子 科克斯【美】	小说版的营销学!营销理念巧妙贯穿其中,贵在既有趣,又有深度	经典、有趣!一个故事读懂营销精髓
	动销操盘:节奏掌控与社群时代新战法 朱志明　著	在社群时代把握好产品生产销售的节奏,解析动销的症结,寻找动销的规律与方法	都是易读易懂的干货!对动销方法的全面解析和操盘
	弱势品牌如何做营销 李政权　著	中小企业虽有品牌但没名气,营销照样能做的有声有色	没有丰富的实操经验,写不出这么具体、详实的案例和步骤,很有启发
	老板如何管营销 史贤龙　著	高段位营销16招,好学好用	老板能看,营销人也能看
	洞察人性的营销战术:沈坤教你28式 沈　坤　著	28个匪夷所思的营销怪招令人拍案叫绝,涉及商业竞争的方方面面,大部分战术可以直接应用到企业营销中	各种谋略得益于作者的横向思维方式,将其操作过的案例结合其中,提供的战术对读者有参考价值
	动销:产品是如何畅销起来的 吴江萍　余晓雷　著	真真切切告诉你,产品究竟怎么才能卖出去	击中痛点,提供方法,你值得拥有
	1000铁杆女粉丝 张兵武　著	连接是女性与生俱来的特质。能善用连接的营销人员,就像拿到打开女性荷包的钥匙	重新认识女性的传播力量
	360°谈营销:一位营销咨询师20年实战洞察 王清华　古怀亮　著	各个角度,全方位,多视点剥营销	思路单一,此书帮你破

续表

销售	**资深大客户经理:策略准,执行狠** 叶敦明　著	从业务开发、发起攻势、关系培育、职业成长四个方面,详述了大客户营销的精髓	满满的全是干货
	成为资深的销售经理:B2B、工业品 陆和平　著	围绕"销售管理的六个关键控制点"一一展开,提供销售管理的专业、高效方法	方法和技术接地气,拿来就用,从销售员成长为经理不再犯难
	销售是门专业活:B2B、工业品 陆和平　著	销售流程就应该跟着客户的采购流程和关注点的变化向前推进,将一个完整的销售过程分成十个阶段,提供具体方法	销售不是请客吃饭拉关系,是个专业的活计!方法在手,走遍天下不愁
	向高层销售:与决策者有效打交道 贺兵一　著	一套完整有效的销售策略	有工具,有方法,有案例,通俗易懂
	卖轮子 科克斯　【美】	小说版的营销学!营销理念巧妙贯穿其中,贵在既有趣,又有深度	经典、有趣!一个故事读懂营销精髓
	学话术　卖产品 张小虎　著	分析常见的顾客异议,将优秀的话术模块化	让普通导购员也能成为销售精英
组织和团队	**升级你的营销组织** 程绍珊　吴越舟　著	用"有机性"的营销组织替代"营销能人",营销团队变成"铁营盘"	营销队伍最难管,程老师不愧是营销第1操盘手,步骤方法都很成熟
	用数字解放营销人 黄润霖　著	通过量化帮助营销人员提高工作效率	作者很用心,很好的常备工具书
	成为优秀的快消品区域经理(升级版) 伯建新　著	用"怎么办"分析区域经理的工作关键点,增加30%全新内容,更贴近环境变化	可以作为区域经理的"速成催化器"
	成为资深的销售经理:B2B、工业品 陆和平　著	围绕"销售管理的六个关键控制点"一一展开,提供销售管理的专业、高效方法	方法和技术接地气,拿来就用,从销售员成长为经理不再犯难
	一位销售经理的工作心得 蒋　军　著	一线营销管理人员想提升业绩却无从下手时,可以看看这本书	一线的真实感悟
	快消品营销:一位销售经理的工作心得2 蒋　军　著	快消品、食品饮料营销的经验之谈,重点突出	来源于实战的精华总结
	销售轨迹:一位快消品营销总监的拼搏之路 秦国伟　著	本书讲述了一个普通销售员打拼成为跨国企业营销总监的真实奋斗历程	激励人心,给广大销售员以力量和鼓舞
	用营销计划锁定胜局:用数字解放营销人2 黄润霖　著	全方位教你怎么做好营销计划,好学好用真简单	照搬套用就行,做营销计划再也不头痛
	快消品营销人的第一本书:从入门到精通 刘　雷　伯建新　著	快消行业必读书,从入门到专业	深入细致,易学易懂

续表

产品	**产品研发管理实战** 任彭枞　编著	产品研发管理体系全指导	既有工具，又能开拓思路
	新产品开发管理，就用 IPD 郭富才　著	10年IPD研发管理咨询总结，国内首部IPD专业著作	一本书掌握IPD管理精髓
	资深项目经理这样做新产品开发管理 秦海林　著	以IPD为思想，系统讲解新产品开管理的细节	提供管理思路和实用工具
	产品炼金术Ⅰ：如何打造畅销产品 史贤龙　著	满足不同阶段、不同体量、不同行业企业对产品的完整需求	必须具备的思维和方法，避免在产品问题上走弯路
	产品炼金术Ⅱ：如何用产品驱动企业成长 史贤龙　著	做好产品、关注产品的品质，就是企业成功的第一步	必须具备的思维和方法，避免在产品问题上走弯路
品牌	**中小企业如何建品牌** 梁小平　著	中小企业建品牌的入门读本，通俗、易懂	对建品牌有了一个整体框架
	采纳方法：破解本土营销8大难题 朱玉童　编著	全面、系统、案例丰富、图文并茂	希望在品牌营销方面有所突破的人，应该看看
	中国品牌营销十三战法 朱玉童　编著	采纳20年来的品牌策划方法，同时配有大量的案例	众包方式写作，丰富案例给人启发，极具价值
	今后这样做品牌：移动互联时代的品牌营销策略 蒋　军　著	与移动互联紧密结合，告诉你老方法还能不能用，新方法怎么用	今后这样做品牌就对了
	中小企业如何打造区域强势品牌 吴　之　著	帮助区域的中小企业打造自身品牌，如何在强壮自身的基础上往外拓展	梳理误区，系统思考品牌问题，切实符合中小区域品牌的自身特点进行阐述
渠道通路	**快消品营销与渠道管理** 谭长春　著	将快消品标杆企业渠道管理的经验和方法分享出来	可口可乐、华润的一些具体的渠道管理经验，实战
	传统行业如何用网络拿订单 张　进　著	给老板看的第一本网络营销书	适合不懂网络技术的经营决策者看
	采纳方法：化解渠道冲突 朱玉童　编著	系统剖析渠道冲突，21个渠道冲突案例、情景式讲解，37篇讲义	系统、全面
	学话术　卖产品 张小虎　著	分析常见的顾客异议，将优秀的话术模块化	让普通导购员也能成为销售精英
	向高层销售：与决策者有效打交道 贺兵一　著	一套完整有效的销售策略	有工具，有方法，有案例，通俗易懂
	通路精耕操作全解：快消品20年实战精华 周　俊　陈小龙　著	通路精耕的详细全解，每一步的具体操作方法和表单全部无保留提供	康师傅二十年的经验和精华，实践证明的最有效方法，教你如何主宰通路

续表

管理者读的文史哲·生活

	书名．作者	内容/特色	读者价值
思想·文化	**德鲁克管理思想解读** 罗　珉　著	用独特视角和研究方法，对德鲁克的管理理论进行了深度解读与剖析	不仅是摘引和粗浅分析，还是作者多年深入研究的成果，非常可贵
	德鲁克与他的论敌们：马斯洛、戴明、彼得斯 罗　珉　著	几位大师之间的论战和思想碰撞令人受益匪浅	对大师们的观点和著作进行了大量的理论加工，去伪存真、去粗存精，同时有自己独特的体系深度
	德鲁克管理学 张远凤　著	本书以德鲁克管理思想的发展为线索，从一个侧面展示了20世纪管理学的发展历程	通俗易懂，脉络清晰
	王阳明"万物一体"论：从"身－体"的立场看（修订版） 陈立胜　著	以身体哲学分析王阳明思想中的"仁"与"乐"	进一步了解传统文化，了解王阳明的思想
	自我与世界：以问题为中心的现象学运动研究 陈立胜　著	以问题为中心，对现象学运动中的"意向性""自我""他人""身体"及"世界"各核心议题之思想史背景与内在发展理路进行深入细致的分析	深入了解现象学中的几个主要问题
	作为身体哲学的中国古代哲学 张再林　著	上篇为中国古代身体哲学理论体系奠基性部分，下篇对由"上篇"所开出的中国身体哲学理论体系的进一步的阐发和拓展	了解什么是真正原生态意义上的中国哲学，把中国传统哲学与西方传统哲学加以严格区别
	中西哲学的歧异与会通 张再林　著	本书以一种现代解释学的方法，对中国传统哲学内在本质尝试一种全新的和全方位的解读	发掘出掩埋在古老传统形式下的现代特质和活的生命，在此基础上揭示中西哲学"你中有我，我中有你"之旨
	治论：中国古代管理思想 张再林　著	本书主要从儒、法墨三家阐述中国古代管理思想	看人本主义的管理理论如何不留斧痕地克服似乎无法调解的存在于人类社会行为与社会组织中的种种两难和对立
	车过麻城 再晤李贽 张再林　著	系统全面而又简明扼要地展示了李贽独到的学术眼力和超拔的理论建树	帮助读者重新认识李贽的思想
	中国古代政治制度（修订版）上：皇帝制度与中央政府 刘文瑞　著	全面论证了古代皇帝制度的形成和演变的历程	有助于读者从政治制度角度了解中国国情的历史渊源
	中国古代政治制度（修订版）下：地方体制与官僚制度 刘文瑞　著	全面论证了古代地方政府的发展演变过程	有助于读者从政治制度角度了解中国国情的历史渊源

续表

思想·文化	**中国思想文化十八讲(修订版)** 张茂泽 著	中国古代的宗教思想文化,如对祖先崇拜、儒家天命观、中国古代关于“神”的讨论等	宗教文化和人生信仰或信念紧密相联,在文化转型时期学习和研究中国宗教文化就有特别的现实意义
	史幼波《大学》讲记 史幼波 著	用儒释道的观点阐释大学的深刻思想	一本书读懂传统文化经典
	史幼波《周子通书》《太极图说》讲记 史幼波 著	把形而上的宇宙、天地,与形而下的社会、人生、经济、文化等融合在一起	将儒家的一整套学修系统融合起来
	史幼波《中庸》讲记(上下册) 史幼波 著	全面、深入浅出地揭示儒家中庸文化的真谛	儒释道三家思想融会贯通
	梁涛讲《孟子》之万章篇 梁 涛 著	《万章》主要记录孟子与万章的对话,涉及孝道、亲情、友情、出仕为官等	作者的解读能帮助读者更好地理解孟子及儒学
	两晋南北朝十二讲(修订版) 李文才 著	作为一本普及性读物,作者尊重史实,运用“历史心理学”的叙事方法,分12个专题对两晋南北朝的历史进行阐述	让读者轻松了解两晋南北朝的历史
	每个中国人身上的春秋基因 史贤龙 著	春秋368年(公元前770-公元前403年),每一个中国人都可以在这段时期的历史中找到自己的祖先,看到真实发生的事件,同时也看到自己	长情商、识人心
	与《老子》一起思考:德篇 史贤龙 著	打通文史,回归哲慧,纵贯古今,放眼中外,妙语迭出,在当今的老子读本中别具一格	深读有深读的回味,浅尝有浅尝的机敏,可给读者不同的启发
	说服天下:《鬼谷子》的中国沟通术 翟玉忠 著	由内圣而外王,从心力的培育到具体的说服理论,再到生动的说服案例	从商业到军事再到日常生活,沟通说服已经变得越来越重要
	郑子太极拳理拳法 杨竣雄 著	走进郑子太极拳完整训练体系的大门,随着书中另一主角——师父的课程安排与每日功课的练习	当您学完这套书后,在掌握拳架的同时具备诸多正确的太极理念与系统知识
	内功太极拳训练教程 王铁仁 编著	杨式(内功)太极拳(俗称老六路)的详细介绍及具体修炼方法,身心的一次升华	书中含有大量图解并有相关视频供读者同步学习
	中医治心脏病 马宝琳 著	引用众多真实案例,客观真实地讲述了中西医对于心脏病的认识及治疗方法	看完这本书,能为您节约10万元医药费